**Książka pt. „Jak być szczęśliwym" napisana jest na podstawie wykładu wygłoszonego przez Andrzeja Moszczyńskiego.**

Andrzej Moszczyński jest autorem 23 książek, 34 wykładów oraz 3 kursów. Pasjonuje go zdobywanie wiedzy z obszaru psychologii osobowości i psychologii pozytywnej.

Ponad 700 razy wystąpił jako prelegent podczas seminariów, konferencji czy kongresów mających charakter społeczny i charytatywny.

Regularnie się dokształca i korzysta ze szkoleń takich organizacji edukacyjnych jak: Harvard Business Review, Ernst & Young, Gallup Institute, PwC.

Jego zainteresowania obejmują następujące tematy: potencjał człowieka, poczucie własnej wartości, szczęście, kluczowe cechy osobowości, w tym między innymi odwaga, wytrwałość, wnikliwość, entuzjazm, wiara w siebie, realizm. Obszar jego zainteresowań stanowią również umiejętności wspierające bycie zadowolonym człowiekiem, między innymi: uczenie się, wyznaczanie celów, planowanie, asertywność, podejmowanie decyzji, inicjatywa, priorytety. Zajmuje się też czynnikami wpływającymi na dobre relacje między ludźmi (należą do nich np. miłość, motywacja, pozytywna postawa, wewnętrzny spokój, zaufanie, mądrość).

Od ponad 30 lat jest przedsiębiorcą. W latach dziewięćdziesiątych był przez dziesięć lat prezesem spółki działającej w branży reklamowej i obejmującej zasięgiem cały kraj. Od 2005 r. do 2015 r. był prezesem spółki inwestycyjnej, która komercjalizowała biurowce, hotele, osiedla mieszkaniowe, galerie handlowe.

W latach 2009-2018 był akcjonariuszem strategicznym oraz przewodniczącym rady nadzorczej fabryki urządzeń okrętowych Expom SA. W 2014 r. utworzył w USA spółkę wydawniczą. Od 2019 r. skupia się przede wszystkim na jej rozwoju.

www.andrewmoszczynski.com

Każdy z nas jest niepowtarzalny i wyjątkowy. Wszyscy rodzimy się z naturalną ciekawością świata, pragnieniem odkrywania, poznawania i tworzenia. Jak to się dzieje, że ta wyjątkowość, kreatywność, radość i swoboda ekspresji zatracają się gdzieś podczas dorastania i przypadającej na ten czas edukacji szkolnej? Czy powszechne systemy edukacji oparte na oświeceniowym przekonaniu, że wszyscy przychodzimy na świat jako „czysta tablica", którą można dowolnie zapisać, wspierają nasz rozwój i rozwijają nasze zdolności, czy jest wręcz przeciwnie? Czy szkoła, próbująca nas ukształtować według narzuconego przez system modelu i starająca się nas wpasować w ramy społecznych oczekiwań, na pewno jest warunkiem odniesienia sukcesu i spełnionego życia? Nie potwierdzają tego przykłady ludzi, którzy zdołali się wyłamać z tego systemu i pójść własną drogą. To samoucy – ci, którzy mimo braku formalnego, systemowego wykształcenia odnoszą sukcesy w przeróżnych dziedzinach i branżach, tworząc, wynajdując, unowocześniając, a często wręcz rewolucjonizując życie swoje i współczesnych im ludzi, czyniąc je lepszym i łatwiejszym.

Książka Sukcesy samouków – Królowie wielkiego biznesu, zawiera pięćdziesiąt biogramów nieprzeciętnych ludzi – przedsiębiorców samouków, którzy często wbrew ciężkim warunkom, biedzie i brakowi szkolnej edukacji odnieśli w życiu wielkie sukcesy, w sposób zasadniczy wpływając na świat, jaki znamy. Niech będą one dla Ciebie dowodem na to, że spełnione życie i sukces zależą przede wszystkim od pracy i samodzielnego rozwoju, a nie od formalnego wykształcenia.

Szczegóły dostępne na stronie: www.andrewmoszczynski.com

# Jak być
## szczęśliwym

**Zespół autorski:**
Andrew Moszczynski Institute LLC

**Redaktor prowadzący:**
Alicja Kaszyńska

**Zastępca redaktora prowadzącego:**
Dorota Śrutowska

**Redakcja:**
Ewa Ossowska, Anna Skrobiszewska

**Korekta:**
Dorota Śrutowska

**Konsultacja merytoryczna:**
dr. Zofia Migus

**Projekt graficzny:**
Sowa Druk

ISBN: 979-87-43102-39-6

Wszelkie prawa zastrzeżone

Copyright © Andrew Moszczynski Institute LLC 2020

Andrew Moszczynski Institute LLC
1521 Concord Pike STE 303
Wilmington, DE 19803, USA
www.andrewmoszczynski.com

Licencja na Polskę:
Andrew Moszczynski Group sp. z o.o.
ul. Grunwaldzka 472, 80-309 Gdańsk
www.andrewmoszczynskigroup.com

Licencję wyłączną na Polskę ma Andrew Moszczynski Group sp. z o.o.
Objęta jest nią cała działalność wydawnicza i szkoleniowa Andrew
Moszczynski Institute. Bez pisemnego zezwolenia Andrew Moszczynski
Group sp. z o.o. zabrania się kopiowania i rozpowszechniania w jakiejkolwiek
formie tekstów, elementów graficznych,
materiałów szkoleniowych oraz autorskich pomysłów sygnowanych znakiem
firmowym AMI.

# REKOMENDACJE

# Krystyna Czubówna

Lubię ludzi, lubię robić coś co przyniesie im pożytek. Stąd też po zapoznaniu się z wykładami przyjęłam propozycję uczestniczenia w powstaniu ich wersji audio. Wiem, że taki sposób przekazu jest bardzo ważny dla ludzi mających kłopoty ze wzrokiem albo będących w ciągłym niedoczasie i wykorzystującym na przyswajanie nowej wiedzy godziny spędzane w samochodzie, pociągu czy autobusie.

Muszę przyznać, że *byłam pod wrażeniem inspirującej mocy wykładów*. Zasta-nawiałam się, skąd się ona bierze. Doszłam do wniosku, że poza inspirującą treścią jest coś jeszcze. Wyczuwalny w stylu pisania *szacunek do odbiorców wykładów i zrozumienie dla ich różnorodnych postaw, poglądów i przekonań*. A także *obrazowość idei* oraz *precyzja w doborze przykładów, pytań do osobistych przemyśleń i cytatów trafiających w sedno*.

Wykłady pokazują możliwe drogi, jednak nie wpychają na siłę na żadną z nich. *Zachęcają odbiorcę do samodzielnego szukania w sobie, tego*

*co dobre, szlachetne, wartościowe. Do podejmowania prób zmiany swego życia na lepsze jakościowo* poprzez szlifowanie osobowości, czy – jak powiedzieliby twórcy – strojenie osobowości.

Myślę, każdy z nas ma w sobie potencjał do wykorzystania. Że każdy może wieść dobre i satysfakcjonujące życie. Ja miałam szczęście, bo w moim życiu zadziałał przypadek. Przypadkiem trafiłam na rok do pracy w Komitecie Radia i Telewizji. Przypadkiem ktoś mnie tam usłyszał i wysłał na próbę mikrofonową. Dzięki temu odkryłam, że moim potencjałem jest głos, i znalazłam pracę, która mnie fascynuje do dziś. A gdyby tak się nie stało? Czy potrafiłabym świadomie szukać swojego przeznaczenia? Myślę, że bez odpowiedniego przewodnika byłoby to trudne. Dla Państwa takim przewodnikiem może być ta kolekcja wykładów. Serdecznie ją Państwu polecam.

# Adam Ferency

Zbyt rzadko zastanawiamy się, jak ma wyglądać nasze życie. Każdy z nas chciałby być szczęśliwy, ale jest to najczęściej tylko jakieś mgliste wyobrażenie tego stanu. Rodzaj czekania na cud. Uświadomiłem sobie, że takie cuda zdarzają się rzadko, i właściwie tylko tym, którzy idąc za swoimi marzeniamim, intuicyjnie określą życiowe cele, a potem z uporem dążą do ich realizacji. Niestety, tego typu intuicja jest dana tylko nielicznym.

*Większość z nas potrzebuje wsparcia, by iść do przodu. Takim wsparciem mogą być wykłady, w których nagraniu uczestniczyłem. Nie dają one gotowych recept, zgodnie zresztą z misją wydawcy – zawartą w słowach: Nie pouczamy, inspirujemy.* To mi się podoba, bo specjalistów od „jedynie słusznych dróg" mamy już zbyt wielu. Podoba mi się także przewijająca się we wszystkich wykładach zachęta do zobaczenia w sobie wartościowego człowieka, który w każdym momencie może rozpocząć korzystne zmiany w swoim życiu, jeśli tylko naprawdę będzie tego chciał.

Zgadzam się z twórcami wykładów, że warto uwierzyć w swoje możliwości, dostrzec w sobie potencjał, na którym można zacząć budować „nowe" życie oparte na mądrym poczuciu własnej wartości. *W każdym z wykładów znalazłem przydatne narzędzia służące doskonaleniu osobowości.* Niektóre są unikatowe. Warto skorzystać choćby z tych, które pomagają określić cechy charakteru, typ inteligencji oraz mocne i słabe strony oraz pozwalają uzmysłowić sobie wartości nadrzędne, by uczynić z nich rzeczywisty drogowskaz kierujący w stronę realizacji marzeń i życiowej satysfakcji.

## dr Zofia Migus

Patrząc na kolekcję wykładów przygotowaną przez Instytut i znając już ciekawą tematykę całości, zwróciłam uwagę na dwa aspekty. Przede wszystkim unikatowa forma przekazu treści. Większości z nas wyraz wykład kojarzy się ze statycznym, jednostronnym przekazem informacji. Uczeń, student, słuchacz siedział, a nauczyciel przekazywał treści dydaktyczne bardziej lub mniej interesująco. Jednak twórcy kolekcji odeszli od tego schematu. Wykłady zostały skonstruowane w inny sposób, dużo bardziej nowoczesny, chociaż nawiązujący do sokratejskich metod nauczania. Każdy z nich zawiera wiele pytań skierowanych do słuchacza, aby mógł już podczas czytania zatrzymać się i przemyśleć usłyszane treści. Wsparciem tego procesu są unikatowe ćwiczenia, które inspirują do formułowania własnych sądów i do tworzenia własnego punktu widzenia. To ogromna pomoc, a jednocześnie spełnienie zasady stosowania praktycznego działania w procesie poznawczym.

Drugi aspekt to przydatność publikacji. Moją uwagę zwróciło połączenie różnych kręgów odbiorców, zwłaszcza odbiorcy indywidualnego (w różnym wieku) z biznesowym. Autorzy wykładów wychodzą bowiem z nadzwyczaj słusznego, niestety nie zawsze docenianego założenia, że *na sukces firmy w głównej mierze składa się powodzenie każdego pojedynczego człowieka, który w niej pracuje.* Niezależnie od tego, jakie stanowisko zajmuje. W związku z tym dbałość o samopoczucie pracownika i jego życiową satysfakcję powinna stać się ważnym zadaniem dla zarządów firm i gremiów kierowniczych. Wykłady, które podejmują wiele ważkich tematów z dziedziny rozwoju osobistego mogą stać się istotną pomocą w realizacji tego zadania. Tym samym mogą przyczynić się do *wzmocnienia identyfikowania się z firmą, wzrostu motywacji, kreatywności, a także tolerancji na zmieniające się środowisko pracy.* Pomoże to w osłabieniu lub nawet eliminacji tak niekorzystnych zjawisk jak nadmierna absencja, fluktuacja kadr czy wypalenie zawodowe.

Jako filozof, nauczyciel i doradca biznesowy *polecam więc te kolekcję zarówno ludziom,*

*pragnącym zmienić swoje życie prywatne, jak i firmom, których zamiarem jest stworzenie organizacji na miarę XXI wieku, efektywnej i satysfakcjonującej właścicieli oraz pracowników.*

# Danuta Stenka

Przypomina mi się ewangeliczna przypowieść o talentach... Pan przed wyjazdem wezwał swoje sługi. Jednemu dał pięć talentów, drugiemu – dwa, trzeciemu – jeden. Dwoje z nich pracowało i pomnażało swoje talenty. Ten, który dostał jeden talent, zakopał go w ziemi, a potem go oddał. Został za to ukarany, bo nie pomnożył tego, co otrzymał.

Tak mi się wydaje, że my – myślę tutaj o wszystkich ludziach na świecie – często przeżywamy życie bez świadomości skarbu, jaki posiadamy. Bez świadomości talentów, którymi zostaliśmy obdarowani. Bez świadomości potencjału, który może nam służyć. *Ten projekt pozwala dostrzec, że tkwią w nas ogromne możliwości*, i dlatego bardzo mi się podoba. Pokazuje, że ludzie osiągający sukcesy, robiący karierę, ludzie, o których myślimy, że dostali zdecydowanie więcej od losu, są właściwie tacy sami jak my. Oni tylko uświadomili sobie, że mają możliwości, że mają potencjał i zrobili z tego użytek. Mam nadzieję, że wykłady, które dostajemy

właśnie do ręki, pomogą wielu ludziom niemającym jeszcze tej świadomości, dokonać odkrycia, że posiadają ogromny skarb – talenty, żeby zdążyli z nich zrobić użytek i nie ukrywali w głębinach swojego wnętrza do końca życia.

Dodam jeszcze, że *chciałabym, żeby te teksty towarzyszyły także moim córkom u progu dorosłego życia.* Żeby miały je przy sobie i mogły do nich zajrzeć w chwilach zwątpienia, załamania czy niepewności. Wierzę, że pomogą im odzyskać zgubioną pewność i złapać właściwy kierunek.

Ja sama podczas czytania tych tekstów, przyznam szczerze, odkurzyłam sobie dawno zapomnianą wiedzę, dodałam do niej nowe aspekty. *Wiele dzięki temu zyskałam i bardzo się z tego cieszę.*

# **Jerzy Stuhr**

*Praca nad tymi wykładami uzmysłowiła mi, jaką osobowością ja sam dysponuję i co jeszcze powinienem w sobie zmienić, bo zawsze jest coś do zmiany. W tych tekstach znalazłem też potwierdzenie, że sukcesu w znaczeniu pieniądze i sława jeszcze nie można nazwać szczęściem.* Dla mnie osobiście szczęściem jest bezpieczeństwo moich bliskich, radość z pracy, przezwyciężanie słabości czy chorób. Pomyślałem sobie, że właściwie to wszystko gdzieś we mnie jest. Ale nie zawsze uświadomione. Nie zawsze w postaci konkretnych myśli. Raczej jako towarzyszące mi od dawna poczucie, że sam jestem odpowiedzialny za swoje życie. W każdej sytuacji. Nawet w chorobie.

*Wierzę, że każdemu ze słuchaczy, troszeczkę za moją pomocą, te wykłady również mogą podpowiedzieć, kim rzeczywiście jest i do czego powinien dążyć w swoim życiu, aby mógł uznać je za udane.*

# Spis treści

Jak być szczęśliwym – wykład 1.1....... 27
Część utrwalająca.................... 61
Jak być szczęśliwym – wykład 1.2....... 95
Część utrwalająca.................... 141
Słowniczek......................... 173
Źródła i inspiracje................... 181

# Jak być szczęśliwym
## – wykład 1.1

**Narrator**

Szczęście. Marzymy o nim. Wszędzie go szukamy. Najpiękniejsze książki, ulubione filmy i piosenki są nimi właśnie dlatego, że odnajdujemy w nich wizję szczęścia. W życzeniach, które najbliżsi składają nam przy różnych okazjach, słyszymy przeważnie: „sto lat w szczęściu", „bądź szczęśliwy". Ale co te słowa rzeczywiście oznaczają?... Czym jest stan szczęścia?... Czy można być szczęśliwym długotrwale? Czy może raczej szczęście to emocje, które towarzyszą nam jedynie w chwilach, gdy jesteśmy szczególnie z czegoś zadowoleni?... Relaks w wannie pełnej gorącej wody po długim i ciężkim dniu, weekend z rodziną, biwak, wakacje, zabawy z dziećmi, radość z wygranej w konkursie, pochwała czy premia od szefa. Takich momentów w życiu jest wiele. Są to drobne i większe przyjemności. Czy wystarczą do szczęścia?... A pierwszy pocałunek, zaręczyny, ślub, narodziny dziecka, ukończenie przez niego szkoły z wynikiem bardzo dobrym albo celującym, pierwsza noc w nowym domu lub mieszkaniu?... Chwile ważne, podniosłe, często przełomowe w naszym życiu. Czy może one są pożądanym przez nas szczęściem?...

Czy w ogóle szczęście zależy od człowieka? Czy to my świadomie dążymy do niego, pracując nad satysfakcjonującą realizacją celów życiowych?... Może jednak zależy ono raczej od fortuny, sprzyjającego zbiegu okoliczności lub ślepego trafu?...

Dlaczego osiągnięcie stanu szczęścia jest dla nas tak ważne?... I dlaczego równocześnie tak wielu z nas nie wierzy w to, że można być szczęśliwym?...

Ten wykład, składający się z dwóch części, pomoże nam zrozumieć istotę szczęścia. Pierwsza część zapozna nas z definicjami sformułowanymi przez myślicieli antycznych i chrześcijańskich. Dowiemy się z niej także, jak szczęście pojmowane jest współcześnie. Być może na podstawie tych rozważań zrozumiemy, z czego wypływa ludzka potrzeba dążenia do szczęścia. Czy jest to nieosiągalne marzenie, realna szansa, czy... obowiązek? I czy synonimem szczęścia jest słowo „sukces"?

**Prelegent**
Szczęście jest dla nas wartością niezwykle ważną, a równocześnie bardzo trudną do osiągnięcia. Decyduje o jakości życia. O tym, czy nasze życie uznamy za spełnione... Czy na starość nie będziemy żałować, że nie „potoczyło się inaczej". Właśnie. Zatrzymajmy się na chwilę przy tym stwierdzeniu. Wynika z niego, że życie toczy się samo, tak jak chce, bez naszej kontroli, bez naszego udziału. Nie mamy na nie wpływu i biernie czekamy, co przyniesie kolejny dzień. Przekaz zawarty w cytowanym powiedzeniu podświadomie na nas wpływa. Sprawia, że nie podejmujemy próby pokierowania swoim życiem, bo nie wierzymy, że możemy je zmienić. A w rzeczywistości ono przebiega dokładnie tak, jak je poprowadzimy: od jednej decyzji do drugiej. Pewnie masz ochotę teraz sprzeciwić się: „Zaraz, zaraz, są przecież sytuacje, których nie możemy przewidzieć, i na które nie mamy wpływu. Wypadki, choroby...". Owszem, są. Ale takie okoliczności nie stanowią przeszkody w podejmowaniu decyzji. One jedynie ograniczają wybór... A czasem, paradoksalnie, mogą otworzyć przed nami nowe możliwości.

Zawsze masz możność żyć szczęśliwie, jeśli pójdziesz dobrą drogą i zechcesz dobrze myśleć i czynić. A szczęśliwy to ten, kto los szczęśliwy sam sobie przygotował. A los szczęśliwy to dobre drganie duszy, dobre skłonności, dobre czyny. MAREK AURELIUSZ

Bez względu na nasz wiek… bez względu na to, czy stoimy dopiero u progu dorosłości, czy też zakończyliśmy aktywność zawodową, póki życie trwa, mamy szansę na poprawę jego jakości. Pod warunkiem jednak, że się do tego odpowiednio przygotujemy. Na czym polega takie przygotowanie? Po pierwsze, na zrozumieniu, że to od nas samych zależy, jak będzie wyglądało nasze życie. Po drugie, na zdefiniowaniu, jak rozumiemy słowo „szczęście". Dopiero potem przyjdzie czas na szukanie nowych możliwości, określanie własnego potencjału, poznawanie siebie, wzmacnianie ważnych cech i rozwijanie umiejętności.

Czy świadomość, że możemy wpływać na jakość życia, nie zmienia perspektywy, z jaką patrzymy na siebie i na swoją przyszłość?… To jeszcze, co prawda, nie jest ta właściwa przemiana.

Ale dzięki temu, że ujrzymy własne życie pod innym kątem niż dotychczas, zaczniemy zdawać sobie sprawę, że to my sami jesteśmy odpowiedzialni za myśli, nastawienie do ludzi i zdarzeń, za decyzje i czyny. Przestaniemy obwiniać wszystko i wszystkich wokół za niepowodzenia. Wówczas nadejdzie pora, by odpowiedzieć na pytania, które podsunie podświadomość: Jakie cechy w sobie wykształcić?... Jakie umiejętności zdobyć?... Wyposażeni w tę wiedzę będziemy mogli wytyczyć kierunek działań, a potem wytrwale zmierzać do celu. Zaczniemy dostrzegać wokół ludzi, ich radości i troski. Poczujemy potrzebę pomagania innym i znajdziemy sposobność, by to robić.

**Narrator**

W dzisiejszych czasach na co dzień coraz rzadziej używamy słowa „szczęście". Raczej mówi się o sukcesie. To takie modne! Takie nowoczesne! Co rozumiemy pod pojęciem „sukces"?... Najczęściej – zdobycie przeróżnych dóbr. Należą do nich choćby: znakomite wykształcenie, świetna, czyli dobrze opłacana praca, awans, piękny dom, nowoczesny samochód i tak dalej. Mówiąc o tych zdobyczach ludzie intuicyjnie używają właśnie słowa „sukces". „Szczęście" nie bardzo tu pasuje. Czy ono w ogóle mieści się w tak rozumianym pojęciu sukcesu?... Czy pod wpływem wszechobecnej komercji wielu z nas nie wydaje się, że wszystko można kupić? Że każde marzenie spełni galeria handlowa i studio urody?... A jeśli do tego jeszcze dojdzie sława?... Trudno wyobrazić sobie lepsze życie, prawda?... Czy rzeczywiście?... Czy czulibyśmy się spełnieni, gdybyśmy mieli to wszystko?...

**Prelegent**

Zastanówmy się, na czym nam zależy. Do czego dążymy? Do osiągnięcia sukcesu, czy do szczęścia?... A może odnosisz wrażenie, że to jest to samo?... Dlaczego słowo „szczęście" wydaje się nieco staromodne?... Wychowaliśmy się przecież na literaturze „szczęśliwej". Pierwszymi książkami, które czytali nam rodzice, były baśnie i bajki. Te klasyczne, najpiękniejsze kończyły się słowami: „...a potem żyli długo i szczęśliwie". Czasami do pomyślnego zakończenia dochodziło po wielu perturbacjach, ale w końcu na sercu robiło się miło, bo smok ginął, zła czarownica gdzieś znikała, a księżniczkę ratował dzielny rycerz. Może to naiwnie uproszczony schemat dochodzenia do szczęścia, jednak coś powoduje, że historie tego typu sprawiają nam przyjemność. Nawet jeśli ich fabuła jest daleka od życiowego realizmu. Na przyjemnych odczuciach widzów bazują zresztą scenarzyści wielu seriali. W końcowych odcinkach, po kolejnych zakrętach życiowych, bohaterowie wychodzą na prostą i osiągają szczęście. Zazwyczaj są to bohaterowie pozytywni albo tacy, którzy przeszli pozytywną przemianę.

Co wywołuje te miłe odczucia odbiorców?... Czy można mieć podobne w prawdziwym życiu?... Oczywiście, że tak! Bajki są dobre w dzieciństwie, gdyż pozwalają czuć się bezpiecznie. Jednak w dorosłym życiu ciągłe uciekanie w fikcję może spowodować, że zamiast szukać przyjemności w realnym świecie, będziemy skupiać się na postaciach z oper mydlanych i marnych seriali. Myślisz pewnie: „Mam mało przyjemności w życiu, dlatego lubię oglądać szczęście innych ludzi". Jeśli nawet tak jest, możesz to zmienić. Ty również możesz być szczęśliwy.

**Narrator**
„Wszystko zależy od Ciebie, sam możesz zmienić swoje życie"… Brzmi dość znajomo i dość banalnie, prawda?… Słyszałeś te twierdzenia tyle razy i nic z nich nie wynikło. Uznałeś więc, że są to puste słowa. Dlaczego większość z nas tak myśli?… Dlaczego nic z tym nie robimy?… Prawdopodobnie dlatego, że nie wiemy, jak te słowa wprowadzić w czyn. Najważniejszy jest pierwszy krok. A zatem – od czego zacząć? Co zrobić najpierw, aby później – w efekcie – szczęście i spełnienie stało się podstawą naszego życia? Żeby nie ograniczało się jedynie do nielicznych chwil? Zanim odpowiemy sobie na to pytanie, spróbujmy zrozumieć istotę „szczęścia". Poznajmy mechanizmy, które je wywołują.

**Prelegent**
Szczęście to upragniony stan. Nadaje sens i wartość naszej egzystencji, która właśnie dzięki niemu ze zwyczajnej wegetacji przekształca się w świadome i satysfakcjonujące życie. Życie w pełnym tego słowa znaczeniu. Czym jednak jest szczęście?… Jak je osiągnąć?… Czy dla każdego człowieka oznacza to samo?…

Odpowiedzi na te pytania nie są ani proste, ani jednoznaczne. Od wieków poszukują ich najwybitniejsi myśliciele. Powstała nawet odrębna dziedzina wiedzy zajmująca się tym zagadnieniem: felicytologia.

Szczęście jako temat rozważań filozoficznych pojawiło się już w starożytnej Grecji. Myśliciele antyczni uważali, że jest ono jedynym celem życia człowieka. Rozumieli je jednak nie jako nieustanną przyjemność, ale jako doskonałość. Grecy, jak wiadomo, byli mistrzami w dążeniu do perfekcji w wielu dziedzinach, na przykład w sztuce i architekturze. Dowody tego, liczne budowle i rzeźby, przetrwały aż do naszych czasów. Mają idealne kształty, niezależnie od stylu, w jakim zostały stworzone. Czy były statyczne i monumentalne jak dzieła Fidiasza, najbardziej chyba znanego starożytnego rzeźbiarza; czy dynamiczne, jak te stworzone przez Skopasa. Ich doskonałość widać nie tylko w znakomitych proporcjach, ale też ekspresji, którą osiągano, precyzyjnie modelując gesty i wyraz twarzy rzeźbionej postaci. Kamienne posągi wiernie oddają uczucia ludzi, którzy kochają i nienawidzą, są pełni odwagi lub przerażenia, smutku lub radości.

Na określenie szczęścia Grecy używali słowa „eudajmonia". Niemal wszyscy myśliciele antyczni zgadzali się, że stan ten można osiągnąć poprzez zdobycie jak największej ilości dóbr. Czy więc zachęcali, by skupiać się na gromadzeniu rzeczy materialnych?... Absolutnie nie! „Dobra" w rozumieniu większości myślicieli greckich to zazwyczaj coś innego. Niektórzy twierdzili, że chodzi o doznawanie przyjemności, czyli hedonizm, inni, że o dobra moralne. Jeszcze inni przekonywali, że muszą to być wszelkie te dobra naraz. Pełnię szczęścia według definicji przyjmowanych przez starożytnych Greków możemy dziś rozumieć jako zadowolenie z życia.

Przykładem zdecydowanego i bezkompromisowego hedonisty był Arystyp, który żył na przełomie V i IV wieku przed naszą erą. Założył szkołę cyrenajską. Uważał, że jedynym dobrem w życiu jest przyjemność, złem natomiast – doznawanie przykrości. Przyjemność, jego zdaniem, miała naturę cielesną. Mogła więc być jedynie chwilowa. Arystyp, jak później Horacy, nawoływał: „Carpe diem!, czyli: Chwytaj dzień! Nie przegap żadnej przyjemnej chwili, a gdy się skończy i zniknie, przeżywaj następną i znowu następną. Staraj się, by każdej przyjemności doznawać jak najbardziej intensywnie. Nieważne są konsekwencje! Nie oglądaj się na innych! I tak nie możesz się podzielić przyjemnością! Odczuwasz ją sam". Uczniowie Arystypa złagodzili poglądy swego mistrza. Podkreślali, że istotną cechą zachowania hedonistycznego jest rozwaga w dobieraniu przyjemności.

Bardziej znany dziś typ hedonizmu reprezentował Epikur. Zwolennicy szkoły epikurejskiej uznawali, że przyjemności mogą być nie tylko natury zmysłowej, lecz także duchowej. Zaliczali do nich na przykład czytanie ksiąg, zgłębianie wiedzy, kontemplację dzieł sztuki lub piękna przyrody. Ponadto stawiali ważny warunek: przyjemność człowieka jest tylko wtedy pełna, jeśli i inni ludzie jej doznają. Uważali, że nie z każdej przyjemności trzeba korzystać. Niektóre należy odsunąć albo nawet odrzucić, żeby dzięki temu później odczuwać przyjemność jeszcze większą. Według epikurejczyków osiąganie przyjemności nie zależało jednak od intensywności przeżyć. Na dobrą sprawę wystarczył brak cierpienia.

Nie ma życia przyjemnego, które by nie było rozumne, moralnie podniosłe i sprawiedliwe, ani też życia rozumnego, moralnie podniosłego i sprawiedliwego, które by nie było przyjemne. EPIKUR

**Narrator**
Pomyślmy o nas, ludziach współczesnych. Czy doceniamy brak cierpienia?... Czy potrafimy zatrzymać się na chwilę, by dostrzec fakt, że w danym momencie, tu i teraz, jesteśmy wolni od trosk? Jak często zauważamy, że codzienne życie jest bogatym źródłem prostych przyjemności?... Czy potrafimy cieszyć się rozmową z ukochaną osobą, uśmiechem dziecka, radą rodziców?... Może akurat w tej kwestii warto brać przykład ze starożytnych Greków?

Powtórzmy zatem za Epikurem: „Nie ma życia przyjemnego, które by nie było rozumne, moralnie podniosłe i sprawiedliwe, ani też życia rozumnego, moralnie podniosłego i sprawiedliwego, które by nie było przyjemne".

**Prelegent**
Kolejny grecki myśliciel, Platon, ideę dobra, z którym utożsamiał szczęście, porównywał do słońca. Uznawał, że tych, którzy nie próbują jej zrozumieć, oślepia, ale tych, którzy do niej dążą, opromienia rozumem. Arystoteles natomiast eudajmonię, czyli szczęście, uważał za zespół dóbr znanych człowiekowi i tworzących razem dobro doskonałe. Droga do szczęścia to nieustanne dążenie do doskonałości. Arystoteles, jak wcześniej Platon, nie skupiał się na dobrach materialnych. Platon twierdził, że rzeczy są jedynie marną kopią idei. Arystoteles zaś dopowiadał, że pogoń za nimi jest niegodna mędrców. Obaj uważali, że szczęście polega na posiadaniu dóbr pięknych i mądrych. Ale… znowu nie chodziło o przedmioty, a o przymioty cenne dla danego człowieka, na przykład: dzielność dla żołnierza czy mądrość dla mędrca. Arystoteles przekonywał, że: „Szczęśliwy jest ten, kto dobrze żyje i komu dobrze się dzieje".

Starożytni myśliciele stworzyli wiele teorii szczęścia i spełnienia. Na koniec tej krótkiej historycznej wędrówki do czasów antycznych przywołajmy jeszcze jednego z nich, Senekę.

Uważał on, że szczęście nie zależy od świata zewnętrznego, lecz od stanu ducha człowieka. Podstawą jego poglądów było twierdzenie, że to wewnętrzny spokój i harmonia stanowią fundament dobrego życia. Seneka uznawał także, że nikt nie zdoła być szczęśliwym, jeśli skupi się jedynie na sobie. Innymi słowy: żyjmy dla innych, jeśli chcemy żyć dla siebie. Czy mimo upływu kilku tysięcy lat ta myśl straciła na aktualności? Czy nie warto brać jej pod uwagę we własnych poczynaniach? Powtórzmy za Seneką: „Szczęście i pomyślność naszego życia zależy od użytku, jaki zrobimy z naszych namiętności". Szczęście było i jest przedmiotem rozważań także myślicieli chrześcijańskich. Dla nich najważniejszą wartość stanowiło dobro utożsamione z Bogiem Wszechmogącym. Szczęściem jest więc odnalezienie drogi do Boga i życie w bliskości z Nim. Jak kroczyć tą drogą?... Otóż na przywilej obcowania z Bogiem należy zasłużyć sobie własnym życiem. Teoria sformułowana w średniowieczu uznawała, że nagrodą będzie życie wieczne. Teoria pochodząca z renesansu dopuszczała szczęście człowieka w życiu doczesnym, pod warunkiem jednak, że będzie on przestrzegał przykazań Boskich.

Szczęśliwy jest ten, kto dobrze żyje i komu dobrze się dzieje. ARYSTOTELES

**Narrator**
Na przestrzeni wieków powstało wiele różnych koncepcji szczęścia. Niemal wszystkie zawierają to samo przekonanie: szczęście wypływa z wnętrza człowieka i jedynie on może je sobie zapewnić. Czy nie warto przekonać się o prawdziwości tych słów?…
Spojrzenie na istotę szczęścia zmieniało się w zależności od czasów i kultury. W starożytności dostrzegano je w dążeniu do doskonałości moralnej lub hedonizmu i w unikaniu cierpienia. Uważano także, że nikt nie zdoła być szczęśliwym, jeśli będzie żył tylko dla siebie. Trochę później, w czasach rozwoju średniowiecznej i renesansowej kultury chrześcijańskiej, źródeł szczęścia zaczęto upatrywać w życiu zgodnym z zasadami głębokiej wiary w Boga. Szczególnie ważne było poszukiwanie dobra, które utożsamiano ze Stwórcą świata.

Jak widać, pojęcie „szczęścia" można różnie interpretować. Coś jednak pozostaje niezmienne: szczęście opiera się na stałych, pozytywnych wartościach, a równocześnie każdy z nas może je postrzegać trochę inaczej. Ważne, byśmy bez względu na wiek, nie zamykali sobie do niego drogi i otworzyli się na nowe możliwości. Byśmy dali sobie szansę na zmiany, a tym samym na szczęśliwe życie.

Zastanówmy się teraz, czy mamy szansę na bycie szczęśliwymi? Może to nie szansa, a nasz obowiązek wobec innych?... Rozważmy tę kwestię. Poszukajmy również wskazówek, jakie wartości w sobie kształtować, by osiągnąć trwałe szczęście. Spróbujmy dociec, czy nie nazbyt często utożsamiamy szczęście z sukcesem pojmowanym jako zdobycie popularności i zadowolenia finansowego? By łatwiej było rozstrzygnąć wątpliwości, przyjrzyjmy się życiu popularnych gwiazd rozrywki i sportu, a także historiom zwykłych ludzi, często żyjących gdzieś obok nas...

**Prelegent**
Człowiek ma prawo być szczęśliwym. Co więcej, człowiek urodził się do szczęścia.

Skąd taki wniosek?... Z obserwowania dzieci. Jeśli rozwijają się w przyjaznym środowisku, są pogodne i cieszy je wszystko wokół. Czy widziałeś kiedyś, jak reagują na pierwszy śnieg? Białe płatki dają im ogromną radość, bo kojarzą się jedynie z przyjemnościami: jazdą na sankach, na nartach, rzucaniem śnieżkami czy budowaniem igloo. A jak reagujemy na śnieg my, dorośli?... „Oj, znowu śnieg. Trzeba będzie odśnieżyć chodnik. Drogi będą nieprzejezdne. Zimno i nieprzyjemnie!". Przeważnie nie robimy nic, by zmienić swoje nastawienie do rzeczywistości. Ten prosty przykład pokazuje, że ta sama sytuacja, ten sam fakt może stać się źródłem przyjemności albo... przykrości. Zależy, jak go wykorzystamy, zinterpretujemy, jakie znaczenie mu nadamy. Czy nie wynika z tego, że mamy wpływ także na odczuwanie szczęścia? Wyobraź sobie, jak mogłoby wyglądać Twoje życie, gdybyś nie skupiał się na zdarzeniach, które Cię spotykają, a na decyzjach, jakie podejmujesz na ich podstawie. Większość zdarzeń jest przecież niezależna od nas, ale postępowanie i decyzje, jakie podejmiemy pod ich wpływem, już w stu procentach są naszym świadomym działaniem. Wyobraź sobie, że od tej chwili zaczynasz postępować tak, aby każdy krok prowadził Cię do szczęścia. Czy to możliwe?

Tak. Możesz być szczęśliwy. Masz do tego prawo, a nawet masz taki... obowiązek. Jesteś zdziwiony, prawda? Jak to, obowiązek bycia szczęśliwym? – zastanawiasz się pewnie. Otóż chodzi o obowiązek wobec innych. Powinniśmy się starać dążyć do szczęścia, by nie zarażać innych swoim smutkiem i nie zatruwać zgorzknieniem. Człowiek jest odpowiedzialny za wpływ, jaki wywiera na otoczenie. Zwracajmy więc baczną uwagę na to, co się dzieje wokół nas. Zatrzymujmy się na chwilę przy każdym pozytywnym zdarzeniu w naszym życiu. Odnotowujmy w myślach każdą drobną przyjemność. Dzielmy się radością z rodziną i znajomymi. Może zaczną podobnie patrzeć na życie?...

Czy to znaczy, że nie można zwierzać się z kłopotów i omawiać swoich problemów?... Można, ale pod pewnymi warunkami. Pierwszym jest właściwy adresat. Do zwierzeń szukajmy prawdziwego przyjaciela, człowieka, który pomoże nam wydostać się z trudnej sytuacji. Sami stańmy się takimi przyjaciółmi dla innych. To sposób na wypełnianie obowiązku bycia szczęśliwym.

**Narrator**
Każdy z nas dąży do szczęścia… Czyli do czego? Jak rozumieć to pojęcie?… Przecież to, co jest szczęściem dla jednej osoby, niekoniecznie uszczęśliwi kogoś innego: bliskiego znajomego czy przyjaciela. Pomimo bardzo subiektywnego charakteru szczęścia, istnieją jego dość precyzyjne definicje. Uniwersalny słownik języka polskiego podaje trzy znaczenia tego słowa. Pierwsze to: pomyślny los, powodzenie w jakichś przedsięwzięciach lub sytuacjach życiowych. Drugie: zbieg, splot pomyślnych okoliczności, szczęśliwe zrządzenie losu, pomyślny traf, przypadek. I trzecie, czyli uczucie zadowolenia, upojenia, radości, a także wszystko, co wywołuje ten stan. Różni teoretycy i myśliciele dodają do tego jeszcze znaczenie czwarte, jakim jest satysfakcja z całości życia.

**Prelegent**
Czym jest szczęście w znaczeniu pierwszym i drugim? To zrządzenie losu, który sprzyja

nam w różnych zdarzeniach życiowych i w podejmowanych przedsięwzięciach. Jest to też tak zwany czysty przypadek, szczęśliwy traf, który nas spotkał. Zrządzenie losu to zazwyczaj ratunek z opresji: pożaru, wypadku, topieli, gdy akurat w odpowiednim miejscu, w odpowiednim czasie pojawi się ktoś, kto nam pomoże. Takie szczęście spotkało kilka lat temu dwie kobiety z Giżycka. Ich samochód wpadł w poślizg i zsunął się do Kanału Łuczańskiego. Przechodzący tamtędy mężczyzna bez namysłu wskoczył do wody i pomógł im wydostać się z tonącego samochodu, a tym samym uratował im życie. Czyż pojawienie się tego mężczyzny nad kanałem w tym właśnie momencie nie było zrządzeniem losu?

Korzystne zbiegi okoliczności zdarzają się nie tylko w tak ekstremalnych sytuacjach. Oto inny przykład. Ktoś ma pomysł na firmę. Pomysł jest bardzo dobry, oparty na wynalazku przydatnym dużej grupie ludzi. Jego autor jednak nie jest w stanie go zrealizować, bo nie ma pieniędzy na taką inwestycję. Nie wie, jak szukać funduszy. Zresztą nie wierzy, że potrafi je znaleźć. Pewnego razu zupełnie przypadkowo poznaje człowieka, z którym rozmawia o różnych sprawach, także o swoich planach. Właściwie snuje marzenia, bo to, co wymyślił, trudno na tym etapie nazwać planem. Okazuje się, że w rozmówcy znajduje inwestora. Czysty przypadek. Inny szczęśliwy traf to wygrana na loterii. Stąd te kolejki przed kolekturami, gdy w totolotku dochodzi do kumulacji wygranych. Stąd też popularność gry w trzy karty na targowiskach, choć teoretycznie wszyscy już chyba wiedzą, że ta gra jest zwyczajnym oszustwem. Zbieg okoliczności może też spowodować, że spotkamy miłość życia lub osobę, z którą się zaprzyjaźnimy.

Spraw, aby każdy dzień miał szansę stać się najpiękniejszym dniem Twego życia. MARK TWAIN

Zastanawiasz się, co łączy te wszystkie przypadki?... Otóż żaden nie zależy od osoby, której dotyczy. Człowiek nie ma wpływu na ich zaistnienie. Są one jedynie szczęśliwym trafem. O ludziach, których ten typ szczęścia spotka, mówimy, że „mają szczęście" albo, że „są w czepku urodzeni". Tak może o nich powiedzieć każdy postronny obserwator.

Co oznacza pojęcie „szczęście" w znaczeniu trzecim i czwartym? Chodzi tu o indywidualne odczucie każdego człowieka. Wyobraźmy sobie następującą sytuację. Ogromne miasto: duże sklepy, instytucje kulturalne, parki, dobra komunikacja, czyli moc możliwości. Jednak osobiste odczucia pojedynczych mieszkańców są zróżnicowane. Niektórzy znakomicie czują się w takim otoczeniu. Lubią przebywać wśród ludzi. Blok wydaje im się znacznie bardziej przyjazny niż samotnie stojący dom. Cieszą się z bliskości teatru, kina, galerii handlowych, zakładów usługowych z szeroką ofertą dla każdego. Są jednak i tacy, którzy widzą w miejskim życiu więcej cech niekorzystnych: tłok, przestępczość, zbyt duże odległości. Ci pierwsi czują się w dużym mieście szczęśliwi, ci drudzy… stale będą marzyć o wyprowadzeniu się stamtąd. Czy to nie dowód, że osobiste odczucie szczęścia jest bardzo subiektywne?…

Pewne rzeczy są dla większości ludzi niezbędnym warunkiem szczęścia, ale są to rzeczy proste: pożywienie, dach nad głową, zdrowie, miłość, powodzenie w pracy i szacunek otoczenia. BERTRAND RUSSELL

**Narrator**
Szczęście, którego doznajemy, może utrzymywać się przez chwilę lub być stanem długotrwałym. Odczucie chwilowe – to radość bądź zadowolenie z czegoś, co właśnie się zdarzyło. Taką przyjemność sprawiają nam bardzo różne rzeczy: awans, zakończenie projektu, ślub, narodziny dziecka, zakup domu, samochodu lub butów czy udział w spektaklu teatralnym. To bardzo silne doznanie, trwa jednak tylko przez pewien ograniczony czas.

Inaczej jest, jeśli pomyślimy o szczęściu jako satysfakcji z całości życia. Czy można powiedzieć, że to prosta suma chwilowych zadowoleń?... Czy w ogóle są ludzie, których życie przebiega wyłącznie od zadowolenia do zadowolenia?... Raczej nie. Jeśli więc trwałe szczęście, a jedynie o takie warto zabiegać, nie jest sumą szczęść małych, czym w takim razie jest?

**Prelegent**

„Czy chcesz odnieść sukces?" Na to pytanie wielu z nas… może nawet większość, odpowie bez dłuższego zastanowienia: „Tak, chcę!". Sukces jest niedościgłym celem tych, którzy ślepo ufają powszechnie uznawanym poglądom. Wierzą, że warto zabiegać o to, czego chce większość. Zapominają, że są takie sfery życia, jak duchowość albo rodzina. Dążą do sukcesu, patrząc jedynie przed siebie i… na siebie. Nie dostrzegają innych ludzi, innych szans, innych spraw. Sądzą, że sukces przyniesie im szczęście. Czy tak się stanie?… A jeśli nawet, to czy tak zdobyte szczęście będzie trwałe?

Wielu z nas, mówiąc „sukces", ma na myśli spełnienie materialne. A przecież nawet w sferze zawodowej finanse stanowią zaledwie wycinek całości. Czy rzeczywiście pieniądze są aż tak ważne?… Czy nie jest ważniejsze, by lubić swoje zajęcie i by było ono zgodne z naszymi predyspozycjami?… Czy nadmiernie troszcząc się o pieniądze, a zaniedbując rozwój emocjonalny i duchowy, możemy być trwale szczęśliwi? Może jednak prawdziwe szczęście osiąga się w inny sposób i wcale nie zależy ono od tak zwanego sukcesu?

Zastanówmy się nad tym, śledząc historię Anny. Jest dyrektorem fabryki produkującej obrabiarki przemysłowe. Wiedzie się jej bardzo dobrze. Życie zawodowe to pasmo sukcesów. Została przyjęta do pracy jako praktykantka w dziale marketingu. Przeszła wszystkie szczeble kariery, aż wreszcie objęła stanowisko dyrektora przedsiębiorstwa. Zmodyfikowała sposób zdobywania zamówień. Potem – na stanowisku kierownika zarządzającego zasobami ludzkimi – zracjonalizowała model zatrudniania. Dzięki umiejętności słuchania innych wydobywała ze współpracowników ich najlepsze cechy i wykorzystywała je dla dobra zakładu. Sukces gonił sukces, wzrastała pensja. Anna mogła sobie kupić mieszkanie, samochód, wczasy zagraniczne. Teoretycznie powinna być szczęśliwa, tak jednak nie było. Jedynie chwilami odczuwała zadowolenie z osiągnięć. Dlaczego?... Ponieważ mimo wielu zalet, umiejętności kontaktowania się z ludźmi, miłej aparycji, pozostawała samotna. Nie znalazła nikogo, z kim mogłaby dzielić radość, z kim mogłaby spędzać wieczory i wolne dni. Gdzieś w głębi jej duszy czaił się lęk. Co by było, gdyby nagle poniosła porażkę? Czy miałaby się na kim oprzeć? Przyjaciele to jednak nie wszystko. Powołaniem większości z nas jest życie rodzinne. Jeśli należymy do tej większości, brak rodziny odczujemy wcześniej czy później. Trudno wtedy o prawdziwe spełnienie, niezależnie od tego, że mamy świetną pracę i pieniądze. Niezależnie od tego, że realizujemy życiową pasję. To wszystko warto z kimś dzielić.

**Narrator**
Sukces zwykle kojarzy się ze zdobyciem czegoś: sławy, majątku, wysokiej pozycji społecznej, a często ze wszystkimi tymi atrybutami jednocześnie. Jedni taki sukces osiągają. Inni o nim marzą, przekonani, że gdy w końcu dopną swego, będą żyli w krainie wielkiej szczęśliwości. Czemu wobec tego wielu tak zwanych ludzi sukcesu nie odczuwa ani szczęścia, ani spełnienia?

**Prelegent**
Przykładem jest historia tragicznie zakończonego życia znakomitej piosenkarki Amy Winehouse. Była niezwykle uzdolniona.

Śpiewała profesjonalnie od szesnastego roku życia. Wydawała kolejne płyty, zdobywała najbardziej liczące się w świecie muzyki popularnej nagrody. Ceniono ją i podziwiano. Zyskała rozgłos i pieniądze, ale czy szczęście? Nieudany związek, uzależnienie od alkoholu i narkotyków... Amy zmarła w wieku zaledwie 28 lat, samotna i zagubiona.

Sukces, rozumiany jako zdobycie sławy i majątku, potrafi też niszczyć w inny sposób. Niekiedy chęć osiągnięcia go jest tak silna, że człowiek decyduje się na czyny nieetyczne. **Ben Johnson** był jednym z najsłynniejszych lekkoatletów świata. Wybitnie uzdolniony, zajmował czołowe miejsca na mistrzostwach i olimpiadach. Wielokrotnie bił rekordy szybkości. Czy to dało mu szczęście i poczucie spełnienia? Początkowo pewnie tak, ale stopniowo gubił radość życia, a w końcu stracił kontrolę nad tym, co robi. Stał się niewolnikiem swojego sukcesu. Był gotów na wszystko, żeby nie dać się pokonać rywalom, zdobyć jeszcze jeden mistrzowski tytuł, cieszyć się sławą. Chęć sukcesu zaślepiła go. Bał się, że możliwości jego organizmu się skończą, a nie potrafił sobie wyobrazić, że przestaje wygrywać. Zaczął brać środki dopingujące, które po raz pierwszy wykryto u niego w 1988 roku podczas rutynowej kontroli. Został czasowo zdyskwalifikowany. Wykreślono jego tytuły mistrzowskie z ostatnich dwóch lat. Po okresie karencji wrócił na bieżnię. Głód sukcesu ponownie zwyciężył. W 1993 roku kontrola znów wykazała, że wspomagał się niedozwolonymi medykamentami. Tym razem dyskwalifikacja odsunęła go od sportu na zawsze. Jego medale i trofea straciły wiarygodność, choć prawdopodobnie nie wszystkie zdobył nieuczciwie. Nikt ich nie podziwia, nikt o nich nie wspomina. Jeśli to nazwisko pozostanie w historii sportu światowego, to jako przykład braku zasad.

**Narrator**
Amy Winehouse, Ben Johnson… Myślisz pewnie, że takie sytuacje nie zdarzają się codziennie, że to jedynie wyjątki… Te przypadki są, owszem, spektakularne, ale pogoń za sukcesem nieopartym na prawdziwych wartościach może się źle skończyć dla każdego. Wielu polityków, artystów czy biznesmenów, odniósłszy tak zwany sukces, zatraciło się w nim i zapomniało

o wartościach. Ktoś powie, że widocznie to im odpowiadało. Przez jakiś czas może i tak. Warto jednak pamiętać, że w którymś momencie dobra passa może się skończyć i trzeba być na to przygotowanym. Sukces w przeciwieństwie do wartości nie jest niezmienny. Jeśli nasz los uzależnimy od sławy i bogactwa, niewielkie mamy szanse na trwałe szczęście.

**Prelegent**
Rodzice, którzy chcą uchronić swoje dzieci przed porażkami i życiowymi rozczarowaniami, często utrwalają w ich głowach przekonanie, które można wyrazić powiedzeniem: „Nie powinno się siedzieć na jednej gałęzi". Czy nie sądzisz, że sprawdza się ono także w odniesieniu do życiowego szczęścia? Szczęście oparte na rozwijaniu jednej sfery życia jest kruche i nietrwałe. Można powiedzieć, że poświęcenie życia karierze kosztem rozwoju osobistego i duchowego ma swoją cenę. I to wysoką! Niekiedy rachunek przychodzi od razu, czasami dopiero po latach. Płaci go często nie tylko osoba, na którą jest wystawiony, ale też jej rodzina. Wtedy konsekwencje są szczególnie bolesne.

Dobra materialne dają zaledwie złudzenie szczęścia. Jak to mówią – po złotym zamku może zostać jedynie garść piasku. Nie potrafisz zgodzić się z tymi słowami? Uważasz, że nie sposób się spełniać we wszystkich sferach życia?... Że do szczęścia wystarczy sukces materialny, bo wtedy reszta się sama ułoży?...

> Nie staraj się być człowiekiem sukcesu, lecz człowiekiem wartościowym. ALBERT EINSTEIN

Czy rzeczywiście tak jest? A może nam się tak wydaje, bo wierzymy w to, co przekazują nam media? Warto wiedzieć, że przekaz medialny w dużej części jest fikcją, opowiastką opartą jedynie na prawdziwych nazwiskach i faktach. Oszustwo? Nie do końca. Przypomnijmy sobie powieści historyczne Henryka Sienkiewicza. Znajdziemy tam grupę prawdziwych postaci, na przykład: Radziwiłłowie, król Jan Kazimierz, a także niezaprzeczalne fakty, jak bitwa pod Grunwaldem. Ale to nie uprawnia nas do wiary w istnienie pana Wołodyjowskiego, Kmicica czy Zagłoby. Także interpretacja i sposób przedstawienia wydarzeń przez Sienkiewicza nie muszą być zgodne z prawdą historyczną. To konwencja – pisarz ma do niej prawo, a wyrobiony czytelnik zdaje sobie z tego sprawę. Jeśli potraktujemy programy telewizyjne i artykuły prasowe jak pewnego typu utwory fabularne, nauczymy się oddzielać prawdę od fikcji w opisach życia celebrytów. Przy okazji warto, abyśmy przyjrzeli się, czy życie zbudowane jedynie na sławie przyniosło im prawdziwą satysfakcję i trwałe szczęście. Może to tylko pozory?

Sukces materialny nie jest oczywiście niczym nagannym. Wręcz przeciwnie. Dzięki odpowiednim zasobom finansowym możemy zaspokoić potrzeby nasze i naszych bliskich. Zastanówmy się jednak, czy wszystkie. Majątek nie jest synonimem szczęścia. Budować szczęście na sukcesie materialnym to tak, jakby budować dom na piasku. Czy nie lepiej, by i jedno, i drugie miało trwałe fundamenty?

**Narrator**
Jak się przekonaliśmy, istnieje wiele dowodów wskazujących, że podążanie za sukcesem nie jest drogą do życiowego spełnienia, a sukces

utożsamiany ze szczęściem daje krótkotrwałe poczucie zadowolenia. Czy sądzisz podobnie?... Zastanów się nad tą myślą...

Trwałe poczucie szczęścia jest ważne, ponieważ decyduje o jakości całego naszego życia, a nie tylko jego wycinków. W tej części wykładu dążyliśmy do ustalenia, czym w takim razie jest szczęście... To trudne pytanie. Odpowiedzi od tysiącleci szukają przedstawiciele różnych doktryn filozoficznych. Dotychczas powstało wiele definicji tego abstrakcyjnego pojęcia, a nawet odrębna dziedzina wiedzy: felicytologia.

Dla każdego z nas szczęście może mieć trochę inny kształt. Kształt, który jest odzwierciedleniem naszych planów i marzeń. Wszyscy chcemy wierzyć, że człowiek urodził się po to, by być szczęśliwym. Ma nie tylko prawo dążyć do szczęścia. Ma taki obowiązek wobec siebie i innych. Szczęśliwy człowiek wywiera bowiem pozytywny wpływ na otoczenie.

Krocząc drogą do pełni szczęścia, warto mieć pod ręką Biblię, która jest szczególnie cennym źródłem wiedzy i wartości. Przestrzeganie jej zaleceń prowadzi do spokoju i dobra.

Kiedy już rozpoczniemy poszukiwanie szczęścia, spróbujmy nie pomylić go z sukcesem, zwłaszcza tym rozumianym jako zdobywanie dóbr materialnych. Nie daje on trwałego poczucia zadowolenia i satysfakcji. Może wręcz unieszczęśliwić, jeśli zaczniemy brać udział w wyścigu szczurów i zmierzać do tego, by mieć więcej i więcej. Wygrana na loterii czy szczęśliwy zbieg okoliczności także nie są warunkiem szczęścia. Nie brak przecież przykładów, gdy nadmiar pieniędzy i sławy doprowadzał ludzi do upadku. Stawał się przyczyną rozbicia rodziny, utraty zdrowia, a czasem życia. Cenniejsza od sukcesu jest radość i satysfakcja z pracy zgodnej z naszymi predyspozycjami.

Kończąc tę część wykładu, wróćmy na chwilę do myśli, że szczęście to pojęcie bardzo subiektywne. Dla każdego z nas oznacza coś innego, jednak każdemu powinno się kojarzyć z trwałym poczuciem satysfakcji i harmonii we wszystkich sferach życia.

# Część utrwalająca

**Porady**
1. Życie możesz zmienić, jeśli zechcesz nim pokierować.
2. Weź na siebie odpowiedzialność za własne myśli, a także za nastawienie do ludzi i zdarzeń.
3. Nie szukaj szczęścia w zdobywaniu dóbr. Takie szczęście nie jest trwałe.
4. Opieraj własne szczęście na stałych pozytywnych wartościach.
5. Odnajdź w sobie dziecięcą radość i ciekawość świata.
6. Odnotowuj w myślach każdą drobną przyjemność.
7. Naucz się dzielić radością z innymi.
8. Niech własne niedoskonałości pozwolą Ci patrzeć z dystansem i wyrozumiałością na niedoskonałości innych.
9. Nie myśl o szczęściu jak o zbiegu sprzyjających okoliczności. Traktuj je jak owoc własnego działania.

## Quiz

Znalezienie odpowiedzi na pytania dotyczące wykładu pomoże Ci zapamiętać i utrwalić zawarte w nim treści. Postaraj się odpowiadać samodzielnie, jeśli jednak okaże się, że na któreś z pytań nie znasz odpowiedzi, zajrzyj do tekstu wykładu lub przesłuchaj go jeszcze raz. Odszukasz tam potrzebne informacje. W pytaniach otwartych posłuż się swoją wiedzą i doświadczeniem. Klucz z odpowiedziami znajdziesz na s. 91.

1. **Kiedy pojęcie szczęścia stało się tematem rozważań filozoficznych?**
   a) w starożytności
   b) w odrodzeniu
   c) w czasach oświecenia
   d) w ostatnich stu latach

2. **Jakim słowem starożytni Grecy określali szczęście?**

. . . . . . . . . . . . . . . . . . . . . . . . . . . . .

3. **Co to jest felicytologia?**
   a) jedna z dziedzin botaniki
   b) dziedzina medycyny
   c) nauka o szczęściu
   d) nauka o pieniądzach

4. **Kto żył zgodnie z hasłem: „Carpe diem!", czyli „Chwytaj dzień!"?**
   a) Sokrates
   b) Arystoteles
   c) Arystyp
   d) Platon

5. **Wypisz cztery rodzaje przyjemności spośród wymienianych przez przedstawicieli szkoły epikurejskiej jako źródło szczęścia:**

. . . . . . . . . . . . . . . . . . . . . . . . . . . . . . . .

. . . . . . . . . . . . . . . . . . . . . . . . . . . . . . . .

. . . . . . . . . . . . . . . . . . . . . . . . . . . . . . . .

6. Kto porównywał do słońca ideę dobra utożsamionego ze szczęściem, mówiąc, że tych, którzy nie próbują jej zrozumieć, oślepia, ale tych, którzy do niej dążą, opromienia rozumem?
a) Sokrates
b) Seneka
c) Arystoteles
d) Platon

7. Który ze starożytnych myślicieli powiedział, że szczęście nie zależy od świata zewnętrznego, lecz od stanu ducha człowieka?
a) Sokrates
b) Seneka
c) Arystoteles
d) Platon

8. Z kim utożsamiają dobro myśliciele chrześcijańscy?

．．．．．．．．．．．．．．．．．．．．．．．．．．．．．．．．．．．．．．．．．．

9. Człowiek ma prawo, a nawet obowiązek być szczęśliwym. W jaki sposób możesz wypełnić ten obowiązek? Podaj cztery przykłady.

..............................................

..............................................

..............................................

..............................................

10. *Uniwersalny słownik języka polskiego* podaje trzy znaczenia słowa szczęście. Wpisz je.

..............................................

..............................................

..............................................

11. Podaj dwa nazwiska ludzi, którzy mogą być dowodem, że sukces nie jest synonimem szczęścia i może człowieka zniszczyć.

.................................................

.................................................

12. Co jest szczególnie cennym źródłem wiedzy i wartości?
a) Kodeks Hammurabiego
b) Biblia
c) gazety codzienne
d) słowniki i encyklopedie

## Ćwiczenie 1

Biorąc pod uwagę treści zawarte w książce, wypisz kilka zdarzeń ze swojego życia, które mogą okazać się istotne na drodze do trwałego szczęścia: dobre decyzje, sytuacje budujące optymistyczne spojrzenie na przyszłość lub po prostu momenty warte zapamiętania i przywoływania w trudnych chwilach.

. . . . . . . . . . . . . . . . . . . . . . . . . . . . . . . . .

. . . . . . . . . . . . . . . . . . . . . . . . . . . . . . . . .

. . . . . . . . . . . . . . . . . . . . . . . . . . . . . . . . .

. . . . . . . . . . . . . . . . . . . . . . . . . . . . . . . . .

. . . . . . . . . . . . . . . . . . . . . . . . . . . . . . . . .

. . . . . . . . . . . . . . . . . . . . . . . . . . . . . . . . .

. . . . . . . . . . . . . . . . . . . . . . . . . . . . . . . . .

. . . . . . . . . . . . . . . . . . . . . . . . . . . . . . . . .

# Ćwiczenie 2

Przeczytaj zamieszczone poniżej cytaty z dzieł myślicieli antycznych. Zaznacz ten, który najbardziej Ci odpowiada. Napisz w kilku zdaniach, dlaczego.

1. *Ktoś, kto tego, co posiada, nie uważa za największe bogactwo, będzie nieszczęśliwy, nawet gdyby posiadł cały świat.* Epikur
2. *Przyjemność życia jest przyjemnością płynącą z ćwiczenia duszy; to jest bowiem prawdziwe życie.* Arystoteles
3. *Celem naszych czynów powinno być czynienie dobra.* Platon
4. *Błądzić jest rzeczą ludzką.* Seneka Starszy

. . . . . . . . . . . . . . . . . . . . . . . . . . . . . .

. . . . . . . . . . . . . . . . . . . . . . . . . . . . . .

. . . . . . . . . . . . . . . . . . . . . . . . . . . . . .

. . . . . . . . . . . . . . . . . . . . . . . . . . . . . .

. . . . . . . . . . . . . . . . . . . . . . . . . . . . . .

## Ćwiczenie 3

W portalach zamieszczających sentencje o szczęściu znajdź trzy maksymy, które najpełniej wyrażają Twoje przemyślenia na ten temat. Zapisując sentencje, nie zapomnij podać ich autorów.

## Ćwiczenie 4

Przypomnij sobie sytuacje, które uważasz za szczęśliwe z różnych powodów. Dokończ wypowiedzi. W pierwszej opisz moment, w którym Twoje szczęście było wynikiem przypadku, w drugiej staraj się opisać uczucie szczęścia, które zawdzięczasz sobie.

*Ale to był szczęśliwy zbieg okoliczności! Pewnego razu...*

*Ogarnęło mnie uczucie szczęścia. Zaczęło się...*

**Ćwiczenie 5**

Zastanów się nad dwoma odmiennymi pojęciami sukcesu: najpierw rozumianego jako połączenie pieniędzy i sławy, a następnie jako satysfakcji z życia, czyli szczęścia. Wypisz plusy i minusy każdego z nich oraz kwestie do przemyśleń, które nie mieszczą się w żadnej z tych kategorii.

*S u k c e s*

| + | − |
|---|---|
| . . . . . . . . . . . . . . . . . . . . . | . . . . . . . . . . . . . . . . . . . . . |
| . . . . . . . . . . . . . . . . . . . . . | . . . . . . . . . . . . . . . . . . . . . |
| . . . . . . . . . . . . . . . . . . . . . | . . . . . . . . . . . . . . . . . . . . . |

Kwestie do przemyśleń

| + | − |
|---|---|
| . . . . . . . . . . . . . . . . . . . . . | . . . . . . . . . . . . . . . . . . . . . |
| . . . . . . . . . . . . . . . . . . . . . | . . . . . . . . . . . . . . . . . . . . . |

*Szczęście*

+ —

.................... ....................

.................... ....................

.................... ....................

*Kwestie do przemyśleń*

+ —

.................... ....................

.................... ....................

## Ćwiczenie 6

Zapisz poniżej trzy tytuły książek (oraz ich autorów) i trzy tytuły filmów, które Twoim zdaniem najlepiej przedstawiały to, co można określić pojęciem szczęścia. Znajdź ich trzy wspólne cechy.

Książki

. . . . . . . . . . . . . . . . . . . . . . . . . . . . . . . . .

. . . . . . . . . . . . . . . . . . . . . . . . . . . . . . . . .

Filmy

. . . . . . . . . . . . . . . . . . . . . . . . . . . . . . . . .

. . . . . . . . . . . . . . . . . . . . . . . . . . . . . . . . .

Wspólne cechy

. . . . . . . . . . . . . . . . . . . . . . . . . . . . . . . . .

. . . . . . . . . . . . . . . . . . . . . . . . . . . . . . . . .

## Ćwiczenie 7

Wypisz imiona kilku (od 1 do 5) znanych Ci ludzi, których uważasz za trwale zczęśliwych. Pod imieniem każdego z nich wymień cechy wyróżniające go spośród innych. Podkreśl te, które i Tobie mogłyby pomóc w osiągnięciu szczęścia.

1. .............................................
   .............................................
   .............................................
   .............................................
   .............................................

2. .............................................
   .............................................
   .............................................
   .............................................

3.

4.

5.

**Przemyślenia**

Poniżej są zamieszczone fragmenty wykładu, które mogą stanowić materiał do osobistych przemyśleń. Pod każdym znajdziesz krótkie zaproszenie do dyskusji i miejsce na komentarz. Unikaj ogólników. Staraj się, by Twoja wypowiedź była jak najbardziej konkretna i konstruktywna.

**Inspiracja 1**
*Póki życie trwa, to bez względu na nasz wiek... bez względu na to, czy stoimy dopiero u progu dorosłości, czy też zakończyliśmy aktywność zawodową, mamy szansę na poprawę jakości życia. Pod warunkiem jednak, że się do tego odpowiednio przygotujemy.*

Co czujesz, gdy czytasz te słowa? Rodzi się w Tobie bunt, bo uważasz, że życie nie dało Ci szansy? A może nadzieja, że będzie ono stawać się coraz lepsze, jeśli uwierzysz w te słowa? Spróbuj założyć, że jednak nadzieja. Zastanów się, czy za bardzo nie czekasz, aż „lepsze" przyjdzie samo?

. . . . . . . . . . . . . . . . . . . . . . . . . . . . . . . . . . . . . .

**Inspiracja 2**

*Czy pod wpływem wszechobecnej komercji wielu z nas nie wydaje się, że wszystko można kupić? Że każde marzenie spełni galeria handlowa i studio urody?... A jeśli do tego jeszcze dojdzie sława?... Trudno wyobrazić sobie lepsze życie, prawda?... Czy rzeczywiście?... Czy czulibyśmy się spełnieni, gdybyśmy mieli to wszystko?...*

Warto odpowiedzieć sobie na te pytania. Dziś w telewizji, Internecie i kolorowych czasopismach możemy zobaczyć ludzi sukcesu: aktorów, artystów, polityków. Nazywamy ich ogólnie celebrytami, bo stali się sławni i bogaci, a nie zawsze zasłużyli na to swoimi dokonaniami. Czy rzeczywiście chciałbyś żyć tak jak oni? Narażać siebie i swoją rodzinę na ataki pozbawionych skrupułów dziennikarzy z podrzędnych gazet? Czy zastanowiłeś się, co zostanie celebrytom, gdy sława i pieniądze będą już tylko wspomnieniem? Czego im brakuje, by mogli rzeczywiście być szczęśliwi? Z czego sam nigdy byś nie zrezygnował dla sławy i pieniędzy?

**Inspiracja 3**

*Seneka uważał, że szczęście nie zależy od świata zewnętrznego, lecz od stanu ducha człowieka. Podstawą jego poglądów było twierdzenie, że to wewnętrzny spokój i harmonia stanowią fundament dobrego życia. Uważał także, że nikt nie zdoła być szczęśliwym, jeśli skupi się jedynie na sobie.*

W dzisiejszych czasach wielu z nas stało się egoistami. Niektórym wydaje się nawet, że rozwój osobisty wskazuje na działanie wyłącznie dla siebie. Czy więc słowa Seneki są już nieaktualne? Czy to może my, ludzie, myśląc o sobie i dążąc do szczęścia, zapominamy o innych? Zastanów się, co robisz dla rodziny, przyjaciół czy znajomych. Na ile jesteś w stanie zrezygnować z własnych przyjemności, by im pomóc lub tylko poprawić humor? Czy to jest sprzeczne z chęcią doświadczenia pełni życia?

**Inspiracja 4**

*W czasach rozwoju średniowiecznej i renesansowej kultury chrześcijańskiej szczęścia upatrywano w życiu zgodnym z zasadami głębokiej wiary w Boga. Szczególnie ważne było poszukiwanie dobra, które utożsamiano ze Stwórcą świata.*

Wiara jest sprawą indywidualną każdego człowieka. Jednak nawet dla wielu wierzących stanowi tylko fasadę. Ilu z nas zastanawia się głębiej nad jej sednem? Ilu potrafi skupić się nie na towarzyszących jej rytuałach, a na istocie, którą jest wskazanie do czynienia dobra. Co sądzisz na ten temat? Czy wiara jest człowiekowi potrzebna? Czy ma wpływ na jego zachowanie i odczucie szczęścia? Czy niewierzący może czerpać z wiary innych i czy nakazy religijne mogą go wzmocnić?

**Inspiracja 5**

*Powinniśmy dążyć do szczęścia, by nie zarażać innych swoim smutkiem i nie zatruwać zgorzknieniem. Człowiek jest odpowiedzialny za innych, za wpływ, jaki wywiera na otoczenie.*

Żyjemy wśród ludzi i niemal przez cały czas w naszym otoczeniu znajdują się inni: rodzina, koledzy ze szkoły lub pracy, przyjaciele, przechodnie na ulicy. Ludzie znani i mniej znani. Często zastanawiamy się, jacy oni są, rzadziej – jacy my jesteśmy dla nich. Może warto to zmienić? Zastanów się, jaki wpływ sam wywierasz na innych? Jesteś dla nich oparciem czy wiecznie wszystko i wszystkich krytykujesz? Czy zdajesz sobie sprawę, że swoim optymizmem możesz kogoś podbudować, a narzekaniem zniechęcić do jakichkolwiek działań?

**Inspiracja 6**

*Wielu z nas, mówiąc „sukces", ma na myśli spełnienie materialne. A przecież nawet w sferze zawodowej finanse stanowią zaledwie wycinek całości. Czy rzeczywiście pieniądze są aż tak ważne?*

Większość z nas nie ma pieniędzy w nadmiarze. Za to często pociąga nas widok ludzi w pięknych samochodach, sklepy kuszące modnymi rzeczami za cenę dla nas zbyt wysoką. Mamy świadomość, że inni ludzie podróżują do dalekich krajów, budują ogromne domy czy realizują ekstrawaganckie marzenia. Zaczyna nam się wydawać, że pieniądze nie tylko zapewniłyby te atrakcje, lecz także rozwiązałyby wszystkie nasze problemy. Czy też tak myślisz? Czy naprawdę Twoje problemy związane są z ujemnym bądź niewysokim saldem na koncie? Zastanów się.

**Rozwiązanie quizu ze s. 62**

1. a – w starożytności
2. eudajmonia
3. c – nauka o szczęściu
4. c – Arystyp
5. przyjemność zmysłowa, czytanie ksiąg, kontemplacja dzieł sztuki, kontemplacja piękna przyrody
6. d – Platon
7. b – Seneka
8. z Bogiem Wszechmogącym
9. odnotować w myślach każdą drobną przyjemność, uśmiechać się, dzielić radością, być przyjacielskim w stosunku do innych, pomagać usuwać strapienia, być życzliwym i taktownym
10. 1) pomyślny los, powodzenie w przedsięwzięciach lub sytuacjach życiowych
    2) zbieg pomyślnych okoliczności
    3) uczucie zadowolenia, upojenia, radości
11. Amy Winehause, Ben Johnson
12. b – Biblia

# Notatki

# Notatki

# Notatki

# Jak być szczęśliwym – wykład 1.2

**Narrator**
Niełatwo zdefiniować abstrakcyjne pojęcie szczęścia, ponieważ ile osób, tyle jego wizji. Wspólnym mianownikiem jest poczucie trwałego zadowolenia z życia przy jednoczesnym odczuwaniu spokoju i harmonii ze światem. Piękny stan ducha i umysłu. Nie trzeba chyba nikogo przekonywać, że warto do niego dążyć? Szczęście stanowi niewątpliwie nadrzędny cel człowieka, a zarazem jego obowiązek wobec innych. Czy odczuwasz podobnie?… Czy powoli zaczynasz uświadamiać sobie, czym ono jest dla Ciebie? Czy dostrzegasz jego fundamenty?… W tej części wykładu spróbujemy sprecyzować, na czym warto oprzeć szczęście. Zatrzymamy się także na chwilę przy przeszkodach stojących mu na drodze. Warto wiedzieć, gdzie się kryją, żeby uniknąć rozczarowań i zapobiec zniechęceniu. W poprzedniej części wykładu wskazaliśmy na jedną z istotniejszych trudności, czyli bezwzględne dążenie do sukcesu. Pora zmierzyć się z kolejnymi.

**Prelegent**

Od czego zacząć budowanie własnego szczęścia?… Jakie fundamenty powinna mieć ta doskonała budowla, którą będziesz pracowicie tworzył?… Czy aby być szczęśliwym, trzeba kierować się wartościami i wzniosłymi ideami?… Może to zbyt idealistyczne podejście?… Otóż nie. Jest ono, paradoksalnie, bardzo racjonalne. Wartości materialne to za mało, by trwale odczuwać zadowolenie z życia. Ten wniosek nie jest efektem jedynie teoretycznych rozważań. Wynika przede wszystkim z licznych doświadczeń i obserwacji wielu ludzi.

Przypomnijmy sobie czasy szkolne, kiedy w ukryciu popalało się papierosy, próbowało, jak smakuje wino, podkładało w szkole fałszywe usprawiedliwienia czy odpisane od kolegi zadania domowe. Oczywiście nie wszyscy tak postępowali, ale przyznajmy, że takie zachowania były na porządku dziennym. Często potrafiliśmy je utrzymywać w tajemnicy i nie ponosiliśmy żadnych konsekwencji. Skąd więc brało się to dziwnie niemiłe uczucie, które na długo pozostawało w naszym wnętrzu? Nie było ono strachem…

Takie uczucie pojawia się także w dorosłym życiu, gdy postąpimy wbrew własnym przekonaniom. Wstyd, wyrzuty sumienia, zażenowanie są spowodowane rozdźwiękiem między zachowaniem a wartościami. Niestety, zazwyczaj nie pojawiają się, zanim zrobimy coś niezgodnego z sumieniem. Nie mogą więc zapobiec niepożądanym decyzjom. Dręczą nas dopiero wtedy, gdy mleko już się wylało, czyli gdy sprzeniewierzyliśmy się sobie. Co zatem robić?... Nieprzemyślanych decyzji można uniknąć, postępując zgodnie z własnym systemem wartości. To zaś możliwe jest jedynie wówczas, gdy mamy świadomość zasad, którymi warto się kierować.

System wartości bardzo wielu ludzi opiera się na wierze w Boga. To niezwykle mocny fundament. Wierność zasadom zawartym w Biblii rodzi radość dawania, uczucie miłości i życzliwości wobec innych oraz wzmacnia wiele cech, które pozwalają spełniać się w życiu społecznym. Zgodnie ze słowami Jezusa, zamieszczonymi w Ewangelii według Mateusza, pełnię szczęścia człowiek może osiągnąć jedynie wówczas, gdy zaspokoi potrzeby duchowe. Tu warto zacytować fragment Psalmu I, zatytułowanego Dwie drogi życia, z Księgi Pierwszej Psalmów: „Szczęśliwy mąż, który nie idzie za radą występnych, nie wchodzi na drogę grzeszników i nie siada w kole szyderców, lecz ma upodobanie w Prawie Pana, nad jego Prawem rozmyśla dniem i nocą. Jest on jak drzewo zasadzone nad płynącą wodą, które wydaje owoc w swoim czasie, a liście jego nie więdną: co uczyni, pomyślnie wypada". Jeśli chcemy być ludźmi szczęśliwymi i zadowolonymi z realizacji swoich planów, może powinniśmy zastanowić się nad tymi słowami?… Spróbuj sobie wyobrazić, jakim człowiekiem możesz się stać, postępując zgodnie z ich przesłaniem?… Może warto w naszym chwiejnym życiu oprzeć się na czymś tak stałym i niepodważalnym, a równocześnie tak wzruszająco prostym jak biblijne wartości?…

Doświadczenie pozwala nam kierować własnym życiem wedle zasad sztuki, brak doświadczenia rzuca nas na igraszkę losu. PLATON

**Narrator**
Wolna wola pozwala na samodzielne podejmowanie decyzji w najróżniejszych sprawach: od błahych – co zjeść na kolację, co obejrzeć w telewizji, jak się ubrać, po bardzo poważne – czy przyjąć nową pracę, z kim zawrzeć związek małżeński, czy mieć dzieci, jak pomóc obłożnie choremu krewnemu. Niektóre, na przykład dobranie butów do garnituru, są rzeczywiście błahostkami. Ale inne to prawdziwe dylematy moralne. Jednak nie możemy uniknąć ich rozstrzygania.

**Prelegent**
Oto przykłady kilku trudnych problemów. Zastanów się, jakie rozwiązanie przyjąłbyś, gdybyś znalazł się w podobnych sytuacjach…

Twój współpracownik systematycznie wynosi z biura różne drobne przedmioty: papier do drukarki, toner, zszywki. W końcu kierownik działu zaczyna się zastanawiać, co dzieje się z tymi rzeczami. Pyta o to Ciebie. Jaka będzie Twoja odpowiedź? Osłonisz kolegę czy ujawnisz złodzieja?…

Niespodziewanie szef proponuje Ci awans wiążący się z dużo wyższym wynagrodzeniem.

Ten awans należał się komuś innemu, a Ty wiesz o tym doskonale. Przyjmiesz tę propozycję, czy nie?...

Aby rozwiązywać takie, a często jeszcze bardziej skomplikowane problemy, potrzebujemy kryteriów, zgodnie z którymi będziemy podejmować decyzje. Te kryteria wyznacza system wartości, fundament naszego szczęścia. Warto się na nim opierać we wszystkich sferach życia.

Wewnętrznym świadkiem i sędzią naszych poczynań jest sumienie. To ono wystawia nam ocenę. Raz oskarża, innym razem staje w naszej obronie. Skąd się wzięło? Wielu ludzi uważa, że to prezent od Boga, podobnie jak wartości, którym jest podporządkowane. Sumienie tak długo będzie naszym sprzymierzeńcem, jak długo my będziemy wierni tym niezmiennym i ponadczasowym zasadom. Czy sumienie można zagłuszyć?... Tak, i to na długo. Niekiedy można je nawet nieodwracalnie zniszczyć. W jakich okolicznościach może to nastąpić? Gdy podporządkujemy życie pseudowartościom i zaczniemy postępować zgodnie z nietrwałymi zasadami. Takimi, które w każdej chwili można zmieniać lub modyfikować, w zależności od aktualnych potrzeb i własnej wygody. Na przykład: „Będę uczciwy, jeśli państwo będzie wobec mnie uczciwe...", „Będę mówił prawdę, jeśli inni będą prawdomówni...", „Będę pomagał, jeśli to mi się opłaci...".

Jak myślisz, czy można być uczciwym, przyzwoitym, szlachetnym pod jakimiś warunkami? To tłumaczenia, do których niekiedy się odwołujemy, żeby usprawiedliwić czyny niezgodne z przyjętymi przez nas wartościami nadrzędnymi. Czy warto „na chwilę" odchodzić od zasad, tworzyć precedens? Sytuacje, które stają się usprawiedliwieniem dla podobnych zachowań w przyszłości, bardzo łatwo przeradzają się w nawyki, choćbyśmy nie wiem jak się zarzekali, że tylko ten jeden jedyny raz postąpimy inaczej, niż dyktuje nam sumienie.

Na drodze do satysfakcjonującego życia napotykamy wiele przeciwności. Część z nich jest od nas niezależna, na przykład: śmierć kogoś z rodziny, choroba, niekiedy utrata pracy, majątku lub inne nieszczęścia dotykające nas samych albo osoby z bliskiego otoczenia. Inne przeszkody pochodzą z naszego wnętrza i są mocno zakorzenione w psychice. Lęki, fobie, złe nawyki i stereotypy uniemożliwiają bycie szczęśliwym. Czy możemy sobie z nimi poradzić?... Niektórzy ludzie utwierdzają się w błędnym przekonaniu, że są skazani na porażkę, na życie niskiej jakości. Nie potrafią wyciągać pozytywnych wniosków z przykrych doświadczeń, bo to wymaga pokory i uczciwości wobec siebie, a niewielu stać na szczerą autokrytykę. Porażka może nas wzmocnić, pod warunkiem że przeanalizujemy ją i zastanowimy się, co należało zrobić, by jej uniknąć. Po co nam ta wiedza? Przecież czasu cofnąć nie można... Ta wiedza jest nam potrzebna, by w przyszłości uniknąć podobnych błędów i wykorzystywać zdobyte doświadczenia do pokonywania kolejnych trudności. Jeśli chcemy się rozwijać, nie będziemy szukać winnych porażki. Ale nie będziemy też stawiać siebie w pozycji ofiary. To, co prawda, wygodna postawa, bo pozwala na bierność i zwalnia z odpowiedzialności, ale w żaden sposób nie umożliwia nam życia, które uznalibyśmy za satysfakcjonujące. Nie zbliża nas do niego ani o krok. Z zetknięcia z każdą przeszkodą możemy wyjść silniejsi, jeśli zrozumiemy znaczenie rozwoju osobistego, a przeciwności losu potraktujemy jak kolejny etap doskonalenia osobowości. Ważne, abyśmy potrafili odróżnić to, co możemy zmienić, od tego, z czym powinniśmy się pogodzić.

Od człowieka zależy, czy przeszkody, jakie ma w życiu, będą mu dokuczać więcej czy mniej lub też wcale nie będą dlań przeszkodami.
WŁADYSŁAW TATARKIEWICZ

**Narrator**
Szczęście to pozytywny stan ducha, pozytywne nastawienie do życia i wyzwań, jakie nam to życie stawia. Na drodze do szczęścia napotykamy dwa rodzaje przeszkód: zewnętrzne i wewnętrzne, czyli wynikające z naszej psychiki. Niektórym z nich, takim jak utrata zdrowia czy majątku, w pewien sposób możemy zapobiec za pomocą działań profilaktycznych, dbając o kondycję fizyczną czy odpowiednio gospodarując pieniędzmi. Na inne, jak śmierć bliskich, nie mamy wpływu i powinniśmy się z nimi pogodzić. Chociaż to, oczywiście, bardzo trudne. Niekiedy wydaje nam się, że gdybyśmy lepiej zaopiekowali się osobą, która odeszła, gdybyśmy

skorzystali z porady innego lekarza, innego szpitala, dali inne leki, nie stałoby się to, co ostateczne. Jednak niezupełnie tak jest. Przeważnie zrobić możemy jedno – towarzyszyć odchodzącemu, a potem zachować o nim dobrą pamięć. Śmierć jest jedyną przeszkodą, która prędzej czy później staje na drodze każdego z nas. Inne problemy dotykają tylko niektórych.

**Prelegent**
Praca nad rozwojem osobistym wielu ludziom pozwala łatwiej przejść przez traumatyczne przeżycia związane ze stratą najbliższych. A oto prawdziwa historia z tym związana. Pewien mężczyzna przeżył ogromną tragedię. Jego żona zachorowała na raka. Poczucie własnej wartości, wiara w siebie i świadome rozwijanie kluczowych cech osobowości sprawiły, że człowiek ten z ogromną determinacją walczył o życie ukochanej. Szukał rozwiązań na wszelkie możliwe sposoby. Nie poddawał się do ostatniej chwili. Gdy jednak śmierć okazała się silniejsza, potrafił podźwignąć się z rozpaczy. Nie obwiniał siebie, bo wiedział, że zrobił wszystko, co możliwe. Mimo całego tragizmu sytuacji było

to budujące! Zdarzają się jednak, i to nierzadko, zupełnie odmienne postawy. Wyobraźmy sobie teraz człowieka, który miał niezbyt dobre zdanie o rozwoju osobistym i doskonaleniu osobowości. Uważał, że to infantylne, naiwne i zupełnie nieprzydatne. Nie zmienił zdania także w obliczu choroby ukochanej osoby. Ustępował lekarzom, choć ci działali rutynowo i nie wykorzystali wszystkich możliwości leczenia. Był, jak wielu z nas w takich chwilach, sparaliżowany i bezradny. Czuł niemoc, która przeszkadzała i nadal przeszkadza mu w działaniu. Jak sądzisz, co stało się z bohaterem tej historii? Ten człowiek do dzisiaj pozostaje w depresji i nie potrafi wyjść z tego stanu. Szkoda, że nie próbował zmienić swojej postawy. Liczne przykłady dowodzą, że osobom dbającym o świadomy rozwój osobowości łatwiej otrząsnąć się z przygnębienia i odnaleźć spokój po ciężkich przeżyciach.

Do innych przeszkód różnorodnej natury, zazwyczaj od nas niezależnych, zaliczamy na przykład: nieuleczalną chorobę, kalectwo, utratę majątku lub pracy. Czy w tym przypadku należy pogodzić się z losem? Oczywiście, że nie! Zwłaszcza jeśli pogodzenie miałoby oznaczać poddanie się. Jednak wielu ludzi w takiej sytuacji nie widzi dla siebie przyszłości. Nie usiłują myśleć pozytywnie, lecz skupiają się na rozpamiętywaniu życiowej niesprawiedliwości! To niezbyt dobre podejście! Rozejrzyjmy się wokół. Są wśród nas tacy, którzy na przekór przeciwnościom potrafią układać swoje życie ciekawie, spełniając marzenia. Często pomagają w tym organizacje i fundacje. Wiele z nich podejmuje niewiarygodne wprost inicjatywy.

Szczęście to coś, co każdy z nas musi wypracować dla samego siebie. ERICH FROMM

Wielkie wrażenie robi historia Marka O'Briena, poety i dziennikarza, który we wczesnym dzieciństwie przeszedł polio. Nikt wcześniej nie pisał z taką szczerością o przeżyciach osoby ciężko upośledzonej fizycznie. Za swoje publikacje Mark otrzymał wiele nagród i mnóstwo pochwalnych recenzji. Nie było w tych słowach żadnej litości. O'Brien podkreślał, że litość okazywana osobom upośledzonym i kalekim jest dla nich trudna do zniesienia. Mówił, że otoczenie pomogło mu zaakceptować siebie takim, jakim jest. Czy mimo ciężkiego doświadczenia nie był to człowiek szczęśliwy i spełniony?... Poznał siebie, odkrył i wykorzystał swój potencjał. Określił swoje wartości i cele, a potem konsekwentnie zmierzał obraną drogą. Czerpał z tego radość i satysfakcję. Jego życie i twórczość inspirowały wielu ludzi, czego dowody znajdował w licznej korespondencji. Często dziękowano mu za pokazanie prostej prawdy, że życie jest ogromną wartością i wystarczającym powodem do odczuwania szczęścia.

**Narrator**
Czy nie powinniśmy brać przykładu z takich ludzi? Może się przecież zdarzyć, że w wyniku niefortunnego splotu okoliczności zostaniemy pozbawieni niektórych możliwości. A wtedy warto wiedzieć, jak szukać nowych wyzwań, nie mniej frapujących niż te, które podejmowaliśmy do tej pory.

**Prelegent**
Wcześniej mówiliśmy o przeciwnościach, które zsyła nam los. Nie mamy większego wpływu na to, czy i kiedy się pojawią. Możemy jedynie

skupić się na takim kształtowaniu osobowości, by umieć poradzić sobie w sytuacji, gdy niespodziewane przeszkody staną nam na drodze. Dużo istotniejszą z punktu widzenia rozwoju osobistego grupę przeciwności stanowią te, które kryją się w naszej psychice. Są to przeszkody wewnętrzne – nasze uczucia, odczucia, stany, takie jak: gniew, obawa przed porażką i opinią publiczną, kompleks niższości, lenistwo, nuda i zazdrość.

Nie tak łatwo ich się pozbyć. Jak myślisz, dlaczego?... Powód jest prosty. Zwykle nie zdajemy sobie sprawy z tego, że je mamy! A jeżeli podejrzewamy ich istnienie u siebie, usprawiedliwiamy to warunkami zewnętrznymi: „Nie moja wina, że taki jestem!", „Sytuacja mnie do tego zmusza!". Nasz mózg robi bardzo wiele, żeby pomóc nam uwierzyć w te tłumaczenia. Dlatego niezwykle ważne jest, byśmy we właściwym czasie zdali sobie sprawę, że są to przeszkody wewnętrzne, czyli takie, na które mamy wpływ i które możemy pokonać. Jak je rozpoznać?... Na przykład wnikliwie obserwując własne reakcje, a przy tym zachowując dystans do siebie. Istotne jest także uważne słuchanie innych. Oni często widzą to, czego my nie chcemy dostrzec. Jeśli zaczniemy postępować według tych wskazówek, dalej będzie jedynie łatwiej...

Następnym etapem jest wyeliminowanie bądź przynajmniej osłabienie tych negatywnych odczuć. Jak można to zrobić?... Niektóre metody są bardzo proste. Filozof Władysław Tatarkiewicz w traktacie O szczęściu napisał, że gniew można niemal całkowicie opanować, klękając. Spróbuj sam, czy da się wyrazić złość w pozycji klęczącej! Cuda czyni też uśmiech na twarzy, który łagodzi złe myśli.

Jednym ze sposobów na opanowanie strachu, w tym strachu przed porażką, jest gra z samym sobą lub z osobą nim owładniętą w: „I co się stanie?". Polega na tym, że stawiamy sobie to jedno pytanie tak długo, aż wreszcie będziemy mogli odpowiedzieć: „Nic".

Oto przykład. Szef wezwał Grażynę na coroczną rozmowę podsumowującą. Takie rozmowy w jej firmie różnie się kończą. Można dostać awans i pochwałę, ale należy być także gotowym na mniej korzystne zakończenie. Grażyna bała się, bo wiedziała, że choć ogólnie pracowała dobrze, to zaliczyła kilka wpadek. Na pół

godziny przed rozmową ogarnął ją paraliżujący strach. Zaczęła więc zadawać sobie pytania i sama na nie odpowiadać:
— Wejdę do gabinetu.
— I co się stanie?
— Szef będzie mówił o mojej pracy.
— I co się stanie?
— Wypomni mi te trzy wpadki.
— I co się stanie?
— Doceni to, że reszta była bez zarzutu i poprosi tylko, żebym się bardziej starała. Albo da mi ostrzeżenie i będzie twierdził, że wpadki są niewybaczalne.
— I co się stanie?
— Wytłumaczę mu przyczynę porażek.
— I co się stanie?
— Zrozumie i da mi szansę. Albo nie będzie słuchał tłumaczeń i będzie przykry.
— I co się stanie?
— Wysłucham do końca i przeproszę.
— I co się stanie?
— Powtórzy ostrzeżenie i zakończy rozmowę.
— I co się stanie?
— Będzie mi przykro.
— I co się stanie?

– Wyjdę i się popłaczę.
– I co się stanie?
– Niektórzy mnie pożałują, inni będą się cieszyć.
– I co się stanie?
– Nic, to wszystko.

Dzięki tej grze Grażyna weszła na rozmowę uspokojona i łatwiej jej było rzeczowo rozmawiać z szefem na temat osiągnięć i potknięć w ostatnim roku. Czuła się swobodniejsza i odzyskała pewność siebie, co spowodowało, że jej przełożony, podobnie jak ona, uznał niekorzystne sytuacje za „wypadki przy pracy". W końcu błędów nie popełnia tylko ten, kto nic nie robi.

Taka gra może trwać dłużej lub krócej, ale jeśli szczerze ze sobą w ten sposób pogadamy, wówczas napięcie i strach, jeśli nie ustąpią całkowicie, to znacznie osłabną.

Inną metodą jest wizualizacja, czyli dokładne wyobrażenie sobie danej sytuacji z zakończeniem w wersji optymistycznej. Odniesiemy wtedy wrażenie, że problem mamy za sobą, co ułatwi nam opanowanie napięcia wewnętrznego. Już samo pozytywne nastawienie wobec przeszkody powoduje, że staje się ona łatwiejsza do pokonania.

Czy jednak te sposoby mogą zadziałać, jeśli na co dzień nie będziemy wzmacniać pozytywnego nastawienia do świata i do siebie? Raczej nie. Niestety, czarnowidztwo i narzekanie jest bardzo powszechną reakcją na problemy, mimo że to ostatni z możliwych sposobów na ich rozwiązywanie. Pomyśl, ile czasu, zupełnie bezsensownie, tracimy na żale, które i tak nic nie zmienią... Jeżeli listopadowa pogoda odbiera nam radość życia, doprowadza nas do rozpaczy i utrudnia codzienne funkcjonowanie, poszukajmy możliwości wyjazdu do innej części świata na ten czas albo na stałe. I od razu odrzućmy pojawiającą się w tym momencie myśl: „To się nie uda". Skupmy się na tym, jak to zrobić.

Albo... pogódźmy się z tą przeszkodą zewnętrzną i wymyślmy, czym w tym okresie się zajmiemy. Dla projektów realizowanych pod dachem pogoda nie ma znaczenia. Zresztą utyskiwanie i tak nie powstrzyma pluchy, po co więc tracić energię?... Czy to nie jest zupełnie bezcelowe?... I wcale nie przynosi ulgi. Nie zapominajmy też, że swoim zachowaniem wpływamy na samopoczucie ludzi, którzy muszą nas wysłuchiwać. To jest niezwykle toksyczne i zaraźliwe. Czy Ty sam chciałbyś mieć w otoczeniu osoby, których głównym zajęciem jest okazywanie niezadowolenia?...

Moim problemem nie jest, czy Bóg jest po naszej stronie. Moim największym zmartwieniem jest, czy my jesteśmy po stronie Boga. Bo Bóg ma zawsze rację! ABRAHAM LINCOLN

Dlaczego tak często narzekamy? Bo narzekanie wywołuje złudzenie, że coś zmieniamy. Naturalnie, jest to jedynie złudzenie. Ludzie latami skarżą się na swój związek czy fatalną pracę. Większość z nich nie próbuje tego w żaden sposób zmienić, chociaż narzekają bez przerwy. Czekają na cud. Szczęście jednak nie jest cudem. Należy o nie zadbać i każdego dnia podejmować działania, które nas do niego zbliżą. Czy Tobie również zdarza się narzekać?... Jakie sytuacje najczęściej wywołują Twoje niezadowolenie?... Jakie budzą Twój gniew lub Twoją niechęć?... Zastanów się, co mógłbyś zrobić, by zaprzestać okazywania takich uczuć?

**Narrator**

Czy wiesz już, od czego zacząć budowanie satysfakcjonującego życia? Może na początek przyjrzyj się sobie i zastanów, jak możesz stać się lepszym człowiekiem. A potem rozpocznij stawianie fundamentów szczęścia. Czym się kierować w tej trudnej pracy? Pomocą w wyznaczeniu właściwego kierunku będą wartości nadrzędne, którym poświęcimy wykład piąty. Warto się na nich oprzeć. Każdy z nas ma sumienie. Spróbujmy wsłuchać się w jego głos, zwłaszcza gdy przyjdzie nam rozstrzygać dylematy moralne. Postępując w zgodzie z systemem wartości opartym na biblijnych zasadach dobra i bezinteresownej miłości, łatwiej nam będzie podejmować właściwe decyzje.

Na drodze do szczęścia zapewne pojawią się przeszkody. Te zewnętrzne, niezależne od nas, na które najczęściej nie mamy wpływu. I wewnętrzne – wynikające z naszych lęków, zahamowań, kompleksów. Z tymi spróbujmy podjąć walkę. Nie bójmy się ich! Możemy je pokonać.

Jeśli przestaniemy traktować życiowe niepowodzenia jak porażki i będziemy wyciągać z nich naukę na przyszłość, nie będzie to trudne.

Takie postępowanie pozwoli nam stać się ludźmi pełnymi radości życia oraz miłości i życzliwości dla innych. Czy to nie jest szczęście?...

W ostatnim fragmencie tego wykładu spróbujemy zastanowić się, jak stawać się człowiekiem szczęśliwym. Czy warunkiem jest harmonijny rozwój wszystkich sfer naszego życia?... Jak zadbać o to, by nie zaniedbać żadnej z nich?... Rozważymy też wnikliwiej, na czym polega ryzyko pominięcia istotnych życiowych zasad oraz jaką rolę w życiu człowieka może odegrać wiara w Boga. Postaramy się ustalić, na ile ważnym elementem naszego egzystowania w świecie powinno być dawanie oraz inne działania dla dobra drugiego człowieka. Czy bez tego możemy być w pełni szczęśliwi?... Czy człowiek dbający tylko o siebie może być spełniony i zadowolony z życia?... By łatwiej nam było prowadzić rozważania, oprzemy się na przykładach.

**Prelegent**
Jak stawać się człowiekiem szczęśliwym? No właśnie – jak „stawać się", a nie „stać się". Życie ciągle się zmienia. Zmieniamy się my i nasze otoczenie, czyli warunki wewnętrzne i zewnętrzne.

Czy możemy więc sądzić, że w którymś momencie dojdziemy do mety z napisem „szczęście" i tak zostanie już do końca naszych dni?... Wyobraźmy sobie, że szczęście to towarzysz podróży, który cały czas idzie obok nas w swoim własnym stałym tempie. Co się stanie, jeśli zrobimy zbyt długi postój? Oddali się i znów będziemy je gonić. Jak wobec tego nadążyć za szczęściem?...

W uproszczeniu całe nasze życie można podzielić na trzy sfery: osobistą, rodzinną i zawodową. Do sfery osobistej należy wszystko, poza pracą zawodową i życiem rodzinnym. Przede wszystkim duchowość, a także działalność społeczna, zainteresowania i pasje. Na sferę rodzinną składają się relacje z małżonkiem i dziećmi oraz rodzicami, rodzeństwem i dalszymi krewnymi. Sfera zawodowa obejmuje to, co skupia się wokół naszej pracy i zarobkowania. Wszystkie trzy sfery przenikają się wzajemnie. Łączą je różne elementy: na przykład ludzie oraz dobra materialne, które w jednej sferze zdobywamy, w innej konsumujemy. Warunkiem równomiernego i niezakłóconego rozwoju każdej ze sfer jest uwzględnianie w swoich poczynaniach systemu wartości. W każdej sferze bez przerwy coś się dzieje, bez przerwy zachodzą przemiany. To, czy będą one oznaczały rozwój, czy też regres, zależy od podejmowanych przez nas decyzji. Jeśli już rozpoznaliśmy własne wartości, ustalmy ich hierarchię. Koniecznie pamiętajmy o tej jednej, niezwykle istotnej nadwartości, która wyznacza kierunek naszego życia. Odwołujmy się do niej przy wyborze postępowania, a wówczas każda decyzja będzie się mieścić w jednej z dwóch grup: albo będzie zgodna z wartościami, albo, w przypadku dylematów moralnych, będzie akceptowalna warunkowo. Takie postanowienia gwarantują zgodność kierunku działań z naszym systemem wartości.

Co się stanie, jeśli nie weźmiemy pod uwagę pewnych zasad, bo wydadzą nam się nieistotne? Wówczas decyzje, które podejmiemy, nie będą ukierunkowane przez system wartości, lecz staną się od niego niejako niezależne. Może się nawet zdarzyć, że będą z nim sprzeczne. W konsekwencji nasz rozwój zostanie zaburzony we wszystkich sferach życia bądź w którejś z nich. Czasem bywa tak, że człowiek, który postępuje zgodnie z własnym systemem wartości w pracy, zupełnie nie bierze go pod uwagę w domu, lub odwrotnie. Jeśli robimy podobnie, odbije się to na postrzeganiu świata. Zacznie się nam wydawać, że to świat uniemożliwia nam odczuwanie szczęścia, podczas gdy w rzeczywistości sami będziemy za to odpowiedzialni.

Prawdziwą pułapką w harmonijnym rozwoju osobowości mogą okazać się osoby, które mają na nas wpływ. Chodzi tu nie tylko o ich świadome działanie. Zdarza się przecież, że ktoś ma dobre intencje i stara się pomóc, dając nam znakomite w jego mniemaniu wskazówki. Taką osobą może być szef, kolega z pracy, żona, rodzice czy coach – trener osobowości. Ktoś, kogo słuchamy z uwagą, liczymy się z jego zdaniem i bierzemy za dobrą monetę toksyczne, de facto, porady. W ten sposób możemy sobie bardzo zaszkodzić. Pseudotrenerzy, których w ostatnim czasie jest sporo, mogą zachęcać nas na przykład do osiągania sukcesów za wszelką cenę i koncentrowania się na karierze zawodowej. Będą zapewniać, że z każdego mogą uczynić „człowieka sukcesu", niestety, mając na myśli jedynie aspekt materialny. Co charakterystyczne, ich osobiste dokonania często okazują się bardziej niż skromne. Zgodnie z wszelkimi zasadami pseudotrenerzy pomogą nam wizualizować przyszłość. Pokażą, jak świetnie będziemy się czuli po awansie, jak dobrze będzie nam z dodatkowo zarobionymi pieniędzmi. Roztoczą przed nami świetlany obraz życia. Ale czy rzeczywiście będą mieli rację?... Czy są w stanie pomóc nam w nadaniu życiu sensu i odczuciu satysfakcji?...

Nie chodzi o to, byśmy osiągnęli nasze najwyższe ideały, lecz o to, aby były one naprawdę wysokie. ROBERT BADEN-POWELL

Gdy osiągniemy to wszystko, o czym mówią, rzeczywiście przez chwilę poczujemy się lepiej. Awans podbuduje nasze poczucie własnej wartości, a pieniądze dadzą bezpieczeństwo finansowe, ale będzie to stan krótkotrwały. Szybko okaże się, że to nie świetlany obraz życia, lecz... świetlany obraz kariery! Czy warto przyjmować tego typu rady bezkrytycznie? Zanim skorzystasz z pomocy eksperta w zakresie samodoskonalenia, uważnie mu się przyjrzyj. Sprawdź opinie o nim nie tylko jako trenerze, lecz także jako człowieku. Dowiedz się, czy jest uczciwy, wartościowy i czy inni darzą go szacunkiem.

Szkodliwe rady zawarte są także w wielu książkach dotyczących motywacji i przedsiębiorczości. Zalecają one, by pracować coraz więcej i ciężej. Im cięższa praca, tym pewniejszy sukces. Czy rzeczywiście? Liczne przykłady dowodzą, że takie postępowanie przynosi poważne negatywne konsekwencje. Przeznaczenie całej energii na jeszcze intensywniejszą pracę kończy się często zaniedbaniem pozostałych sfer życia. Lepiej pracować efektywniej, ale niekoniecznie ciężej czy więcej.

Jeśli nie zadbamy o równoczesny rozwój sfery rodzinnej i osobistej, ze szczególnym zwróceniem uwagi na jej duchową część, nie osiągniemy prawdziwego szczęścia. Prędzej czy później zaczniemy odczuwać różnego rodzaju braki: brak spełnienia w rodzinie, brak czasu na zainteresowania, czyli ogólnie mówiąc, niekompletność. Będziemy niepełni jak starożytna rzeźba, której ktoś utrącił ręce. Harmonia, która jest rezultatem doskonalenia własnej osobowości, to niezbędny element życia. Być może w natłoku codziennych spraw umknęła Ci gdzieś jej ważność. Warto odkryć w sobie ponownie potrzebę dążenia do osiągnięcia równowagi. Udoskonalajmy swoje wnętrze, dbajmy o rodzinę, ale nie zapominajmy o tym, by pochylić się też czasem nad drugim człowiekiem.

W tym miejscu warto zwrócić uwagę na ten właśnie aspekt rozwoju. Czy człowiek, który poszukuje szczęścia, może się skupiać jedynie na sobie? Szlifowanie osobowości i kształtowanie przydatnych cech zapewni nam szczęście, owszem, ale będzie to szczęście względne. Choć staniemy się ludźmi niezależnymi i będziemy dawać sobie radę z rzeczywistością, czegoś będzie nam brakowało. Szczęście jest nie tylko prawem, lecz także obowiązkiem, który wypełniamy, pokazując światu uśmiechniętą twarz. Spróbujmy to robić także w trudnych momentach życia. Nasza postawa wzbudzi w innych pozytywne emocje i doda im sił do walki z trudami codzienności.

**Narrator**
Aby być ludźmi w pełni szczęśliwymi, warto byśmy robili coś dla innych. Dawanie jest

bardzo ważnym aspektem szczęśliwego życia, przy czym istotna jest tu szczerość intencji. Chodzi o doświadczanie radości wynikającej z dawania. Ludzie w każdym zakątku świata doznają uczucia radości, kiedy na przykład przekazują wsparcie finansowe różnym organizacjom, stowarzyszeniom czy fundacjom. Kwota dotacji bywa naprawdę znaczna. Jednak, czy za każdym razem intencje darczyńców są szczere i bezinteresowne?

**Prelegent**
Jeśli włączamy się w akcje pomocy, mamy głębokie przeświadczenie, że robimy coś pożytecznego. Kiedy jednak przeanalizujemy temat bardziej wnikliwie, zaczynamy dostrzegać, że chęć pomagania innym nie zawsze wynika z pobudek altruistycznych. Niektóre firmy traktują wspieranie potrzebujących jak kolejną formę reklamy i element poprawy wizerunku. A przecież powinno chodzić o coś innego: o radość wynikającą z dawania, o umiejętność empatii, wczuwania się w czyjeś trudne położenie.

Cywilizacja zachodnia, mimo że słynie z działalności charytatywnej, jest bardzo egoistyczna.

Pomoc, jaką oferuje, to często jedynie pozory. Zastanawiasz się, dlaczego?... Zauważ, że zewsząd jesteśmy osaczani prośbami o wsparcie. Wystarczy wysłać sms, kupić krzyżówkę, maskotkę, pocztówkę lub proszek do prania, żeby dokładając cegiełkę do szczytnego celu, nabrać przekonania o własnej dobroci. Czy to wystarczy, by rzeczywiście stać się dobrym?... Co poświęciliśmy dla osoby, której chcemy pomóc?... Czy jej los zajął nas choć chwilę dłużej niż trwało przeczytanie lub obejrzenie apelu i dorzucenie kilku złotych?... Czy można było za zebraną kwotę opłacić jej leczenie, rehabilitację lub zrealizować największe marzenie? Czy zainteresowaliśmy się, na co wystarczyły zebrane pieniądze? Czy w istocie pomogliśmy potrzebującemu człowiekowi?... W większości przypadków nie obchodzi on nas na tyle, byśmy śledzili jego dalsze losy.

Dawanie nie zawsze jest synonimem dokładania pieniędzy, choć warto pamiętać, że to także jest przydatne. Prawdziwe dawanie jest rzeczywistym zaspokojeniem czyichś potrzeb. Zacznijmy od osób najbliższych. Czy interesuje Cię, czego chcą?... O czym marzą?... Zwykle niewiele wiemy o potrzebach współmałżonka i dzieci, a prawie zupełnie nic o potrzebach naszych rodziców. Gdy Ty jesteś w wieku dojrzałym, oni stoją u progu starości. Są coraz bardziej niedołężni. Nie tak dawno jeden z ośrodków medycznych dał swoim studentom możliwość uczestnictwa w eksperymencie. Przygotował akcesoria, dzięki którym studenci mogli się poczuć jak staruszkowie: niedosłyszeć, niedowidzieć, mieć trudności w poruszaniu się i chwytaniu przedmiotów. To było pouczające doświadczenie.

Czy pomyślałeś kiedyś, że rodzice nie zrealizowali swoich marzeń być może dlatego, że byli zajęci wychowywaniem Ciebie?… Czy zastanawiałeś się choć raz, o czym marzyli w czasach młodości, a o czym marzą teraz?… Co chcieliby jeszcze osiągnąć w życiu?… Może warto o tym pomyśleć, póki można im pomóc w realizacji pragnień. Dotyczy to również innych ludzi wokół: biednych, samotnych, zagubionych.

Są firmy, które ułatwiają zaufanym pracownikom spełnianie ich pragnień altruistycznego pomagania. Znane są przykłady przedsiębiorców dających takim osobom jeden wolny dzień w tygodniu na wolontariat i kontakty z rodzinami.

Tak, dokładnie na to! Ich intencją jest, żeby w tym dniu podwładni nie odczuwali presji pracy i mogli spełniać marzenia oraz realizować potrzeby innych. To bardzo piękna i nietypowa inicjatywa, choć oczywiście oczekiwanie, by wszyscy pracodawcy postępowali w ten sposób, byłoby naiwnością. Ale czy każdy z nas nie mógłby znaleźć trochę czasu, który poświęci drugiemu człowiekowi? Może to być obca osoba, ale też ktoś z bliskiej rodziny: dziecko, małżonek, rodzic. I znowu nie chodzi tu o pieniądze… Wystarczy porozmawiać i podzielić się własnymi przeżyciami, pójść na spacer, poczytać książkę, zawieźć do rodzinnej miejscowości lub w odwiedziny do przyjaciół. To wszystko wymaga niewiele zachodu, a przynosi ogromne korzyści. Nie tylko tym, którym pomagamy. Im sprawiamy radość, w sobie kształcimy empatię i altruizm. To może być pierwszy krok do zauważania potrzebujących w naszym otoczeniu. Prawdziwie potrzebujący są często ludźmi bezradnymi, którzy nie potrafią zabiegać o pomoc.

W miarę dojrzewania uczuciowego wzrasta potrzeba dawania. ANTONI KĘPIŃSKI

A oto kolejny przykład tego, jak taką pomoc inni realizują w praktyce. Rzecz dotyczy pewnego absolwenta szkoły średniej, który doświadczył solidarności ze strony swoich kolegów. Może nie byłoby w tym nic szczególnego, gdyby nie fakt, że mowa o roczniku, który szkołę ukończył ponad 30 lat temu. Klasa jednak była niezwykle zgrana, a upływ czasu nie zerwał koleżeńskich więzi. Większość jej absolwentów skończyła bardzo dobre studia i znalazła swoje miejsce w życiu. Można nazwać ich ludźmi spełnionymi. Wśród nich był Robert. Przystojny, muzykalny, wysportowany. Matematyk i… poeta. Niezwykle wrażliwy człowiek. Został inżynierem, dobrze zarabiał. Ożenił się. Urodziła mu się dwójka dzieci. Jakieś 20 lat temu zaczęło się z nim dziać coś złego. Miał trudności z chodzeniem, bolały go mięśnie. Ustalenie przyczyn złego samopoczucia trwało dość długo. Diagnoza brzmiała jak wyrok: stwardnienie rozsiane. To podstępna choroba. Choć czasem wydaje się, że ustępuje, to jednak ciągle jest i rozwija się nieubłaganie. Obecnie Robert nie podnosi się już z łóżka. Dzieci rozjechały się po świecie. Żona bardzo ciężko pracuje i na miarę swych sił opiekuje się chorym mężem. Niestety, finanse nie pozwalają na stałą rehabilitację, a jedynie taka może poprawić komfort jego życia, bo zdrowia już, niestety, nic mu nie wróci. Robert pojawiał się na zjazdach absolwentów, dopóki mógł. Dwa lata temu koledzy przywieźli go, by chociaż przez godzinę uczestniczył w spotkaniu. W następnym roku okazało się, że nie może już liczyć na bezpłatny turnus rehabilitacyjny, a stan jego zdrowia mocno się pogorszył. Koledzy i koleżanki z byłej klasy postanowili ufundować mu miesięczny turnus w profesjonalnym ośrodku wyspecjalizowanym w leczeniu SM. To była spora kwota, ale zebrali ją! Każdy wpłacił, ile mógł. Nie skończyło się na zbiórce pieniędzy. Delegacja fundatorów pojechała odwiedzić chorego kolegę, żeby chwilę porozmawiać, zobaczyć, czy jest zadowolony z rehabilitacji i czy warunki są takie, jak myśleli. Pozostali postanowili przynajmniej raz zadzwonić do niego podczas pobytu w ośrodku, żeby wiedział, że nie został sam.

Warto poświęcić trochę czasu, by wejść w świat ludzi potrzebujących. Pozwala to zorientować się, kto rzeczywiście potrzebuje pomocy i poczuć, jak to jest, gdy człowiek znajduje się w sytuacji na pierwszy rzut oka bez wyjścia. Tego typu projekt zrealizowała telewizja BBC. Do programu zaprosiła milionerów. Incognito wtapiali się oni w środowisko ludzi, którym zamierzali pomóc. Były to peryferia dużych miast, z wysokim wskaźnikiem zabójstw i demoralizacji nieletnich, osiedla bezrobotnych lub grupy ludzi z jakiegoś powodu osamotnionych i biednych. Milionerzy mieszkali tak jak wszyscy, ubierali się tak jak wszyscy i pracowali jako wolontariusze w wybranych stowarzyszeniach. Co to były za organizacje? Językiem oficjalnym powiedzielibyśmy: oddolne, czyli założone przez ludzi dla ludzi, bez pośrednictwa urzędników. Ich twórcy wcale nie byli w lepszym położeniu niż podopieczni. Po prostu trochę lepiej dawali sobie radę i mieli dużo życzliwości dla innych. Zakładali więc kluby skupiające osoby w podobnej sytuacji życiowej: bezrobotnych, dzieci, które wychowywała ulica lub samotnych rodziców borykających się z codziennością.

Przychodzący do klubów nie mogli raczej liczyć na pomoc finansową, bo kierujący stowarzyszeniami sami niewiele mieli. Dawali jednak

wsparcie, pośredniczyli w kontaktach z urzędami państwowymi i regionalnymi oraz stwarzali warunki, w których można było spokojnie posiedzieć, umyć się i napić herbaty. Milionerzy integrowali się z wybraną przez siebie grupą. Dopiero po jakimś czasie ujawniali swoją tożsamość i ofiarowywali sporą sumę pieniędzy: na klub, stowarzyszenie albo na wsparcie człowieka, który był jego założycielem czy animatorem. Wyobraź sobie reakcje obdarowanych osób, niespodziewających się przecież żadnej pomocy…
Ciekawa była motywacja dobrze sytuowanych ludzi biorących udział w tym programie. Mówili oni na przykład: „W chwilach, kiedy było mi źle, znalazł się ktoś, kto mi pomógł…", „W młodości byłem na najlepszej drodze, żeby się stoczyć. Wyszedłem z tego, teraz chcę pomóc innemu dziecku…", „Pamiętam, że sama byłam dzieckiem samotnym, z niezwykle niskim poczuciem własnej wartości. Może teraz dzięki mnie choć jedno dziecko przestanie się tak czuć…".
Budujące jest to, że pokazani milionerzy nie ograniczali się do udziału w tej jednej akcji i do jednego odruchu serca. Często zaprzyjaźniali się z obdarowanymi i wspierali ich znacznie dłużej

niż trwał program. Jak myślisz, czy trudno byłoby Ci znaleźć tych, którym mógłbyś zaoferować bezinteresowną pomoc?

Taką grupą są na przykład ludzie starsi. W naszym kręgu cywilizacyjnym nie ma tradycji włączania rodziców i dziadków we własne życie. Dawniej, owszem, rodziny były wielopokoleniowe, dzieliły się swoim życiem, codziennymi sprawami. Jednak wraz z rozwojem cywilizacji ta więź zaczęła słabnąć. Przyczyn można się dopatrywać przede wszystkim w przemianach społecznych. Migracje ze wsi do miast, przeprowadzki w poszukiwaniu pracy. Wspólne życie uniemożliwiały małe mieszkania, jakie oferowano małżeństwom. Rodzice i dzieci oddalali się od siebie także psychicznie. Jeśli takie oddalenie trwa lata, to trudno potem znaleźć wspólny temat do rozmowy. Wiele samotnych osób można spotkać w domach spokojnej starości. Ich mieszkańcy to z reguły ludzie opuszczeni przez najbliższych. Może spróbujesz kiedyś tam pójść, ofiarować swój czas jako wolontariusz? Niepotrzebne są do tego szczególne umiejętności. Wystarczy umieć słuchać i rozmawiać.

**Narrator**
W tej chwili być może czujesz się zażenowany: „Jak to, mam pójść do obcych ludzi i rozmawiać?... O czym?... Jak się będę z tym czuł?...". To naturalna reakcja. Jednak warto się głęboko zastanowić, czy nie odwiedzić takiego domu i nie sprawdzić, jak tam rzeczywiście jest! Uczucie niepewności szybko minie, ustępując miejsca ciekawości i życzliwości.

Powinniśmy posłuchać ludzi, którzy większą część życia pozostawili już za sobą. Może nie są tak biegli w nowych technologiach, bez których Ty już nie wyobrażasz sobie codzienności, ale mają ogromne doświadczenie w rozwiązywaniu życiowych problemów. A patrząc z perspektywy czasu, lepiej widzą i wiedzą, co w życiu jest istotne i ważne. Doceniają to kultury Wschodu, w których człowiek w podeszłym wieku jest włączany w życie rodziny i traktowany z należnym szacunkiem. Tam ludzie starsi w hierarchii społecznej stoją wyżej niż młodzi. Wynika to z doceniania ich doświadczeń i misji, jaką wypełnili, wychowując dzieci. Czy nie byłoby wspaniale, gdyby i u nas takie traktowanie starszych stało się normą?

**Prelegent**
Twoją pomoc przyjmą chętnie także domy dziecka. Byłeś kiedyś w którymś z nich? Wielu aktywnych przedsiębiorców regularnie zajmuje się wolontariatem. Mimo rozlicznych obowiązków znajdują czas, żeby odwiedzać takie miejsca. Co ich do tego skłania?

> Prawdziwa grzeczność polega na wyrażaniu życzliwości. JAN JAKUB ROUSSEAU

Częstym powodem są wspomnienia z dzieciństwa. Wychowywali się albo w bardzo ubogich rodzinach, albo w rodzinach niepełnych. Część z tych osób doświadczyła na własnej skórze trudów i smutku dzieciństwa spędzonego w domu dziecka. Pomoc, którą oferują, jest różnorodna: finansowa, rzeczowa, ale niezwykle cenny gest to osobiście poświęcony czas. Szczególnie warto docenić pomoc odnoszącą się do rzeczywistych potrzeb dzieci i placówki, w której przebywają. Ważne jest, by nie była przypadkowa i jednorazowa, a przekazywane środki przeznaczano na remonty, etaty psychologów, a także wszelkie rzeczy, które cieszą dzieci. To, co powtarza się w relacjach osób pomagających domom dziecka, to kontakt z najszczerszą, nieskrępowaną radością. Wystarczy ufundować bilet do aquaparku czy do zoo albo podarować książkę, ale nie pierwszą lepszą, a dokładnie taką, jaką dziecko sobie upatrzyło.

W pewnej akcji, nazwanej „Wymarzona książka", upragnione lektury otrzymało około 200 dzieci. Każde mogło wskazać interesującą je dziedzinę. Przekrój tematów był przeogromny: kulinaria i malarstwo, piłka nożna i wędkowanie. Zebranie książek zajęło darczyńcom kilka miesięcy, ale podołali wyzwaniu. Mogli dzięki temu spełnić konkretne, także te bardzo wymagające, marzenia poszczególnych dzieci. Wyjątkowo ciekawe było pragnienie pewnej niewidomej dziewczynki, która bardzo chciała dostać książkę kucharską. Niełatwo znaleźć taką książkę napisaną brajlem. Jednak po długich poszukiwaniach udało się ją zdobyć, specjalnie dla tej dziewczynki. Czy wyobrażasz sobie reakcję dziecka?...

Codzienne życie pełne jest okazji do udzielania pomocy, nie tylko tej spektakularnej, wymagającej dużych nakładów finansowych, ale także zwykłej, polegającej na ludzkiej życzliwości. Niekiedy spotykamy się z takimi spontanicznymi gestami. Jesteśmy wówczas mile zaskoczeni. Z pozoru są to całkiem zwyczajne sytuacje: sprzedawca, który wyrazi swoją rzeczywistą opinię o ubiorze, jaki chcemy kupić; rzemieślnik, który szczerze nam doradzi, jak postąpić, przechodzień, który zwróci uwagę na upuszczony przed chwilą drobiazg.

A oto kolejna, zasłyszana, prosta, ale jakże budująca historia, która miała miejsce na stacji benzynowej. Kierowca podjechał do dystrybutora, żeby zatankować. Zrobił to bezwiednie, myśląc o sprawach, jakie ma jeszcze do załatwienia tego dnia. Stojący w pobliżu pracownik zapytał, czy klient jest pewien, że chce ten właśnie gatunek paliwa. Zasugerował też, jakie powinien wlać, i wyjaśnił, że dla silnika 408 KM jest ono znacznie lepsze. Można by pomyśleć: dlaczego pracownika stacji w ogóle obchodzi to, ile wytrzyma silnik samochodu jakiegoś przypadkowego klienta? Przecież nie miał żadnego interesu w tym, żeby doradzać nieznanemu kierowcy, a jednak postąpił tak... z czystej życzliwości. Na właścicielu pojazdu zrobiła też wrażenie wiedza pracownika stacji, który precyzyjnie rozpoznał model auta. Umiał określić, jaki to samochód, z jakim silnikiem i o jakiej mocy. Zapał i pasja w tej, wydawałoby się, niezbyt porywającej pracy są ujmujące, prawda? Kierowca, który z rzadka spotykał się z tego rodzaju postawą, postanowił odwdzięczyć się prezentem. Z pewnością pracownik stacji nie mógł przewidzieć takiego zakończenia, więc nie kierowały nim pobudki materialne. Pozwolił poczuć się swojemu klientowi wspaniale. Szczęśliwie trafił na kogoś, kto te ciepłe uczucia odwzajemnił. Takie drobne wydarzenia są jak cegiełki budujące poczucie szczęścia. Może spróbujesz ich poszukać wokół siebie?...

**Narrator**
Życzliwość i szczera pomoc oferowana innym wpływają pozytywnie zarówno na obdarowanego, jak i na darczyńcę. Mogą się stać początkiem korzystnej przemiany. Rodzą wzajemność. Altruizm i empatia są uczuciami, które wracają do nas w postaci radości. Stanowią źródło szczęścia. Warto więc rozwijać je w sobie i brać pod uwagę w życiu codziennym.

**Prelegent**

Czy zdajesz już sobie sprawę, że trwałe szczęście to nie sukces rozumiany jako zdobycie sławy i majątku?… Wydaje się, że tego rodzaju sukces w dzisiejszych czasach można osiągnąć łatwiej niż dawniej. Wystarczy korzystać z rad specjalistów od marketingu. Takie przekonanie wyrabiają w nas także niektóre przekazy medialne i pewne schematy społeczne. Kiedyś, żeby zdobyć sławę, należało czymś się pozytywnie wyróżnić, na przykład wynaleźć coś spektakularnego, napisać, namalować lub stworzyć dzieło podziwiane przez odbiorców i znawców. Dopiero wtedy o człowieku mówiono i pisano. Dziś kolejność działań niejako się odwróciła. Najpierw ludzie za wszelką cenę starają się, by było o nich głośno. Zgodnie z zasadą: niech mówią o mnie, jak chcą, byle mówili. Dopiero później tworzą lub jedynie podpisują się swoim nazwiskiem pod autorstwem dowolnego produktu, niekoniecznie wysokiej jakości. A następnie wykorzystują popularność, by sprzedać go z dużym zyskiem. Taki sposób zdobywania uznania zaczyna dominować. Stąd na przykład na rynku wydawniczym obserwujemy prawdziwy wysyp książek napisanych przez celebrytów. Czy mają oni coś ważnego do powiedzenia? Pewnie tak, ale treści te są atrakcyjne przede wszystkim dla tych, którym imponuje blichtr życia tak zwanych elit. I to tacy ludzie kupują ich książki. Czy jednak jest czego zazdrościć celebrytom? Ich życie, to, które znamy z mediów, wydaje się powierzchowne. A trwałe szczęście może dawać jedynie istnienie oparte na głębszych wartościach.

Niewłaściwą wizję szczęścia, utożsamianą z sukcesem, tworzą wszechobecne reklamy. Ciągle jesteśmy wystawiani na różne pokusy i próby wmówienia nam, że potrzebujemy nowszego modelu samochodu, nowocześniejszego telefonu, laptopa czy elementu wyposażenia mieszkania. Nie dajmy się zwieść. Postarajmy się z dystansem traktować te informacje i poszukajmy własnej prawdy o szczęściu. Krytycznie dokonujmy wyborów i nie ulegajmy pochopnie sugestiom płynącym z mediów.

Warto przeanalizować definicje szczęścia, przestudiować ich rzeczywiste znaczenie i zastanowić się, które są nam bliskie. Warto oprzeć się na mądrych źródłach, a przede wszystkim na tym podstawowym – Biblii. Warto słuchać wiarygodnych nauczycieli. To pomoże nam znaleźć odpowiedź na pytania: „Kim jestem?... Do czego mam predyspozycje?... Jaki mam talent?... Co może sprawić, że uznam życie za spełnione?...".

Nie bagatelizujmy tego etapu ani nie próbujmy przejść go na skróty – na przykład dostosowując się do kolegów, rodziny czy znajomych. To i tak nic nie da! Każdy człowiek jest odrębną jednostką, z właściwym jedynie sobie potencjałem i możliwościami, które mogą być skrajnie różne. Są tacy, którzy mają predyspozycje do kierowania narodem, i tacy, którzy nie potrafią pokierować własną rodziną. Jedynie rozwijając się w zgodzie z sobą, z własnymi wartościami, możemy osiągnąć spełnienie.

**Narrator**
Kierunek działań człowieka powinno wyznaczać dążenie do szczęścia. Intencją wykładu było zainspirować Cię do przemyśleń, co pojęcie szczęścia oznacza dla Ciebie osobiście i kiedy będziesz mógł szczerze powiedzieć, że jesteś szczęśliwy... Jak wiesz, jednej definicji szczęścia nie ustalili ani starożytni, ani współcześni

myśliciele, mimo że wyodrębniono specjalną dziedzinę nauki, felicytologię. Nie dawaj wiary obiegowym i powierzchownym pojęciom szczęścia oraz sukcesu. Szczęście nie jest tożsame z sukcesem rozumianym jako zdobycie sławy i majątku. Sukces przynosi jedynie chwilowe zadowolenie, a nie o to przecież Ci chodzi.

By stać się człowiekiem szczęśliwym, warto zatroszczyć się o fundamenty, na których można zbudować poczucie pełnej satysfakcji i zadowolenia z życia. Są nimi: życie w bliskości z Bogiem, doskonalenie swojej osobowości, harmonijny rozwój wszystkich sfer: osobistej, rodzinnej i zawodowej, a także szczera chęć niesienia pomocy. Prawdziwe szczęście jest altruistyczne. Myśląc o sobie, myśl także o innych.

Głównym filarem, na którym możesz oprzeć budowanie szczęścia, jest kierowanie się w życiu wartościami nadrzędnymi i wzniosłymi ideami. Odnajdziesz je, sięgając na przykład do Biblii. Jeśli będziesz korzystał z zawartych w niej mądrości, sumienie stanie się Twoim sprzymierzeńcem. W drodze do szczęścia nieocenione mogą się okazać wskazówki płynące od ludzi cieszących się uznaniem i szacunkiem otoczenia, a także wartościowe lektury. Nie zrażaj się przeszkodami, chociaż na swojej drodze napotkasz ich wiele. Gdy je pokonasz, staniesz się silniejszy. Pamiętaj, że szczęście to pozytywny stan ducha, pozytywne nastawienie do życia i wyzwań, jakie to życie stawia.

A teraz wyobraź sobie moment, gdy będziesz mógł szczerze powiedzieć: „Jestem szczęśliwy…". Ta chwila czeka za progiem. Otwórz przed nią drzwi…

# Część utrwalająca

**Porady**

1. Budując szczęście, opieraj się na systemie wartości.
2. Masz wolną wolę, wybieraj więc to, co mądre i dobre.
3. Ucz się przezwyciężać przeciwności.
4. Doceń znaczenie rozwoju osobistego. Pomoże Ci w kierowaniu własnym życiem.
5. Zauważ, że większość przeszkód, które napotykamy na drodze życia, pochodzi z naszego wnętrza. Są to m.in. gniew, obawa przed porażką i opinią publiczną, kompleks niższości, lenistwo, nuda i zazdrość.
6. Codziennie wzmacniaj pozytywne nastawienie do świata i do siebie.
7. Staraj się rozwijać równomiernie trzy sfery życia: osobistą (w tym duchową), rodzinną i zawodową.
8. Nie koncentruj się wyłącznie na sferze zawodowej. Coraz cięższa praca nie jest równoznaczna z coraz większą satysfakcją.

9. Włączaj się w mądre akcje pomocy innym i sam inicjuj takie działania.

## Quiz

Znalezienie odpowiedzi na pytania dotyczące wykładu pomoże Ci zapamiętać i utrwalić zawarte w nim treści. Postaraj się odpowiadać samodzielnie, jeśli jednak okaże się, że na któreś z pytań nie znasz odpowiedzi, zajrzyj do tekstu wykładu lub przesłuchaj go jeszcze raz. Odszukasz tam potrzebne informacje. W pytaniach otwartych posłuż się swoją wiedzą i doświadczeniem. Klucz z odpowiedziami znajdziesz na s. 170.

1. **Fundamentem trwałego szczęścia są:**
   a) wiedza i rozsądek
   b) system wartości
   c) pieniądze i sława
   d) zbiegi okoliczności

2. **Wymień przynajmniej trzy spośród przeszkód natury wewnętrznej stojących na drodze do szczęśliwego życia:**

. . . . . . . . . . . . . . . . . . . . . . . . . . . . . . . . .

3. **Głos sumienia zależy od:**
   a) strachu przed innymi
   b) własnej oceny wydarzeń
   c) krytyki otoczenia
   d) wyznawanych wartości

4. **Wielu ludzi prowadzi aktywne i twórcze życie mimo niepełnosprawności. Przykładem może być Mark O'Brien. Kim był Mark O'Brien?**
   a) malarzem
   b) rzeźbiarzem
   c) poetą i pisarzem
   d) naukowcem

5. **Jaki sposób podawał Władysław Tatarkiewicz na opanowanie gniewu, jeśli trudno go stłumić samą siłą woli?**
   a) liczyć do 100
   b) klęknąć
   c) wyjść na chwilę z pokoju
   d) głęboko oddychać

6. Z jakich trzech głównych sfer składa się nasze życie?

..............................................

7. **Szczęście jest wtedy pełne, jeśli potrafimy się dzielić z innymi. Podstawą wspierania potrzebujących powinny być:**
   a) altruizm i empatia
   b) chęć podzielenia się pieniędzmi
   c) chęć łączenia pomocy z reklamą
   d) pokazanie własnych możliwości

8. **Mówi się, że w dzisiejszym świecie niewielu ludzi jest altruistami. Co to jest altruizm?**
   a) umiejętność dzielenia się tym, co zostanie
   b) nastawienie na innych i kierowanie się w życiu ich dobrem
   c) pomaganie innym, gdy zaspokoi się wszystkie własne potrzeby
   d) umiejętność odmawiania

9. **Co to jest empatia?**
   a) przesadne wyrażanie się o kimś
   b) radość życia
   c) umiejętność wczuwania się w sytuację drugiego człowieka
   d) pomoc innemu człowiekowi

10. **Jednym ze sposobów radzenia sobie ze strachem ogarniającym wielu z nas w trudnych sytuacjach jest wizualizacja. Czy wiesz, co oznacza ten termin?**
    a) dokładne wyobrażenie sobie danej sytuacji
    b) zaobserwowanie u innych podobnych zachowań do swoich
    c) odwzorowanie przedmiotu na kartce lub ekranie komputera
    d) oglądanie obrazów

11. Istnieje wiele różnych narzędzi, które pomagają osobom niepełnosprawnym w codziennym życiu. Jednym z nich jest alfabet Braille'a. Komu służy?

a) głuchoniemym
b) niewidomym
c) korzystającym z Internetu
d) telefonistom

12. Aby wzmocnić w sobie empatię i altruizm, warto zostać wolontariuszem. Kim jest wolontariusz?

a) pracownikiem pomocy społecznej
b) pedagogiem lub psychologiem
c) osobą pracującą bez wynagrodzenia na rzecz innych osób, zwierząt lub dla dobra wspólnego
d) osobą pracującą w kancelarii prawnej

## Ćwiczenie 1

Każdy człowiek wielokrotnie w swoim życiu styka się z problemami, które budzą w nim dylematy moralne. Zastanawia się, czy postąpić tak, by było mu wygodniej, czy tak, by być w zgodzie ze swoim sumieniem. Przypomnij sobie trzy takie sytuacje ze swojego życia i spróbuj je opisać. Zastanów się, czy dzisiaj wybrałbyś to samo rozwiązanie.

. . . . . . . . . . . . . . . . . . . . . . . . . . . . . . . . . . .

. . . . . . . . . . . . . . . . . . . . . . . . . . . . . . . . . . .

. . . . . . . . . . . . . . . . . . . . . . . . . . . . . . . . . . .

. . . . . . . . . . . . . . . . . . . . . . . . . . . . . . . . . . .

. . . . . . . . . . . . . . . . . . . . . . . . . . . . . . . . . . .

. . . . . . . . . . . . . . . . . . . . . . . . . . . . . . . . . . .

. . . . . . . . . . . . . . . . . . . . . . . . . . . . . . . . . . .

## Ćwiczenie 2

W wysłuchanym (przeczytanym) wykładzie znalazła się propozycja gry w „I co ćwiczenie 2 się stanie?". Spróbuj na wzór zamieszczonego tam dialogu ułożyć własny, dopasowany do trudnej sytuacji, z którą się zetknąłeś lub przewidujesz się zetknąć w najbliższym czasie w pracy, w szkole lub w domu. Skończ grę w momencie, gdy będziesz mógł sobie odpowiedzieć: „Nic, to wszystko". Nie musisz wykorzystać wszystkich wolnych linijek. Być może będzie to krótszy dialog. Jeśli jednak potrzebujesz więcej miejsca, weź dodatkową kartkę.

Opis sytuacji

. . . . . . . . . . . . . . . . . . . . . . . . . . . . . . . . . . . . . . . .

. . . . . . . . . . . . . . . . . . . . . . . . . . . . . . . . . . . . . . . .

. . . . . . . . . . . . . . . . . . . . . . . . . . . . . . . . . . . . . . . .

. . . . . . . . . . . . . . . . . . . . . . . . . . . . . . . . . . . . . . . .

. . . . . . . . . . . . . . . . . . . . . . . . . . . . . . . . . . . . . . . .

I co się stanie? . . . . . . . . . . . . . . . . . . . . . . . . . . . .

I co się stanie? . . . . . . . . . . . . . . . . . . . . . . . . . . . .

I co się stanie? . . . . . . . . . . . . . . . . . . . . . . . . . . . .

I co się stanie? . . . . . . . . . . . . . . . . . . . . . . . . . . . .

I co się stanie? . . . . . . . . . . . . . . . . . . . . . . . . . . . .

I co się stanie? . . . . . . . . . . . . . . . . . . . . . . . . . . . .

I co się stanie? . . . . . . . . . . . . . . . . . . . . . . . . . . . .

I co się stanie? . . . . . . . . . . . . . . . . . . . . . . . . . . . .

I co się stanie? . . . . . . . . . . . . . . . . . . . . . . . . . . . .

I co się stanie? . . . . . . . . . . . . . . . . . . . . . . . . . . . .

Nic, to wszystko.

## Ćwiczenie 3

Przez cztery kolejne wieczory zapisuj trzy pozytywne zdarzenia z minionego dnia, bez względu na to, czy dzień ogólnie oceniasz jako udany, czy też nie. Nie zastanawiaj się długo. Wybierz te, które jako pierwsze przyjdą Ci do głowy. Przeczytaj je kilkakrotnie, by utrwaliły się w Twojej podświadomości.

Dzień 1

. . . . . . . . . . . . . . . . . . . . . . . . . . . . . . . . . . . . . . .

. . . . . . . . . . . . . . . . . . . . . . . . . . . . . . . . . . . . . . .

. . . . . . . . . . . . . . . . . . . . . . . . . . . . . . . . . . . . . . .

. . . . . . . . . . . . . . . . . . . . . . . . . . . . . . . . . . . . . . .

Dzień 2

. . . . . . . . . . . . . . . . . . . . . . . . . . . . . . . . . . . . . . .

. . . . . . . . . . . . . . . . . . . . . . . . . . . . . . . . . . . . . . .

. . . . . . . . . . . . . . . . . . . . . . . . . . . . . . . . . . . . . .

. . . . . . . . . . . . . . . . . . . . . . . . . . . . . . . . . . . . . .

. . . . . . . . . . . . . . . . . . . . . . . . . . . . . . . . . . . . . .

Dzień 3

. . . . . . . . . . . . . . . . . . . . . . . . . . . . . . . . . . . . . .

. . . . . . . . . . . . . . . . . . . . . . . . . . . . . . . . . . . . . .

. . . . . . . . . . . . . . . . . . . . . . . . . . . . . . . . . . . . . .

. . . . . . . . . . . . . . . . . . . . . . . . . . . . . . . . . . . . . .

Dzień 4

. . . . . . . . . . . . . . . . . . . . . . . . . . . . . . . . . . . . . .

. . . . . . . . . . . . . . . . . . . . . . . . . . . . . . . . . . . . . .

. . . . . . . . . . . . . . . . . . . . . . . . . . . . . . . . . . . . . .

. . . . . . . . . . . . . . . . . . . . . . . . . . . . . . . . . . . . . .

## Ćwiczenie 4

Jak pamiętasz, życie każdego z nas można najbardziej ogólnie podzielić na trzy sfery: osobistą (w tym duchową), rodzinną, zawodową. Aby odczuwać satysfakcję i zadowolenie z życia, powinny one rozwijać się równomiernie. Zapisz w formie postanowień, co możesz polepszyć w każdej z tych sfer, byś uznał, że rozwija się prawidłowo. Liczba postulatów w każdej sferze może być inna.

Sfera osobista (w tym duchowa)

. . . . . . . . . . . . . . . . . . . . . . . . . . . . . . . . . . . . . . . .

. . . . . . . . . . . . . . . . . . . . . . . . . . . . . . . . . . . . . . . .

. . . . . . . . . . . . . . . . . . . . . . . . . . . . . . . . . . . . . . . .

. . . . . . . . . . . . . . . . . . . . . . . . . . . . . . . . . . . . . . . .

. . . . . . . . . . . . . . . . . . . . . . . . . . . . . . . . . . . . . . . .

Sfera rodzinna

Sfera zawodowa

# Ćwiczenie 5

Pomoc polega również na tym, że robimy coś wspólnie z osobą, którą chcemy wesprzeć: możemy razem z nią rozwiązać jakiś problem, pójść na spacer, uczestniczyć w jakiejś formie rozrywki, którą do tej pory omijała itp. Zastanów się, komu z rodziny albo ze znajomych możesz taką pomoc zaoferować i w jakiej formie. Może to być także grupa ludzi (np. jeśli zdecydujesz się być wolontariuszem w domu dziecka lub domu opieki). Istotne jest to, byś wybrał formę wspólnego działania i zachęcił do niej wybrane osoby.

1. Imię (lub grupa) . . . . . . . . . . . . . . . . . . . . . . .

Rodzaj wspólnego działania . . . . . . . . . . . . . . . .

. . . . . . . . . . . . . . . . . . . . . . . . . . . . . . . . . . . . . .

. . . . . . . . . . . . . . . . . . . . . . . . . . . . . . . . . . . . . .

. . . . . . . . . . . . . . . . . . . . . . . . . . . . . . . . . . . . . .

2. Imię (lub grupa) .........................

Rodzaj wspólnego działania ...............

............................................

............................................

............................................

............................................

3. Imię (lub grupa) .........................

Rodzaj wspólnego działania ...............

............................................

............................................

............................................

............................................

## Ćwiczenie 6

Zastanów się, czy znalazłbyś swoje miejsce w działalności charytatywnej typu wolontariat. Nie wymaga ona nakładu środków, tylko poświęcenia swojego wolnego czasu. Wypisz plusy, jakie widzisz w działaniach tego typu, minusy oraz interesujące Cię kwestie, które musiałbyś wyjaśnić, by zostać wolontariuszem. Poniżej wpisz, komu ewentualnie mógłbyś pomóc w takiej formie? Dzieciom? Osobom starszym? Osobom chorym? A może jeszcze innej grupie lub pojedynczej osobie, która mieszka niedaleko Ciebie?

| + | − |
|---|---|
| . . . . . . . . . . . . . . . . . . . . | . . . . . . . . . . . . . . . . . . . . |
| . . . . . . . . . . . . . . . . . . . . | . . . . . . . . . . . . . . . . . . . . |
| . . . . . . . . . . . . . . . . . . . . | . . . . . . . . . . . . . . . . . . . . |
| . . . . . . . . . . . . . . . . . . . . | . . . . . . . . . . . . . . . . . . . . |

Kwestie do wyjaśnienia

. . . . . . . . . . . . . . . . . . . . . . . . . . . . . . . . . . .

. . . . . . . . . . . . . . . . . . . . . . . . . . . . . . . . . . .

. . . . . . . . . . . . . . . . . . . . . . . . . . . . . . . . . . .

. . . . . . . . . . . . . . . . . . . . . . . . . . . . . . . . . . .

. . . . . . . . . . . . . . . . . . . . . . . . . . . . . . . . . . .

Komu możesz zaoferować pomoc

. . . . . . . . . . . . . . . . . . . . . . . . . . . . . . . . . . .

. . . . . . . . . . . . . . . . . . . . . . . . . . . . . . . . . . .

. . . . . . . . . . . . . . . . . . . . . . . . . . . . . . . . . . .

. . . . . . . . . . . . . . . . . . . . . . . . . . . . . . . . . . .

. . . . . . . . . . . . . . . . . . . . . . . . . . . . . . . . . . .

. . . . . . . . . . . . . . . . . . . . . . . . . . . . . . . . . . .

## Inspiracja 1

*Porażka może nas wzmocnić, pod warunkiem że przeanalizujemy ją i zastanowimy się, co należało zrobić, by jej uniknąć. Ta wiedza jest nam potrzebna, by w przyszłości nie dopuścić do podobnych błędów i wykorzystywać zdobyte doświadczenia do pokonywania kolejnych trudności. Jeśli chcemy się rozwijać, nie będziemy szukać winnych naszej porażki. Ale nie będziemy też stawiać siebie w pozycji ofiary.*

Porażki są nieodłączną częścią naszego życia, i osobistego, i zawodowego. Uczucie, które im towarzyszy, jest bardzo przykre. Jak traktujesz porażkę? Jak na Ciebie wpływają doświadczenia tego typu? Czy uważasz, że warto rozmawiać z innymi ludźmi o własnych niepowodzeniach, czy raczej powinno się je przeżywać w samotności? Czy przypominasz sobie ostatnie negatywne doświadczenie w pracy lub w szkole, które mógłbyś nazwać porażką? Czy znalazłeś w nim coś, co posunęło Cię naprzód w rozwoju osobistym?

**Inspiracja 2**

*Liczne przykłady dowodzą, że osobom dbającym o świadomy rozwój osobowości łatwiej wyjść z przygnębienia i odnaleźć własną drogę po ciężkich przeżyciach.*

Wielu ludzi żyje w przekonaniu, że ich los zależy od okoliczności zewnętrznych. Dopiero gdy zetkną się z tematyką doskonalenia osobowości i rozwoju osobistego, zaczynają rozumieć, jak dużo zależy jednak od nich samych. Zaczynają poznawać siebie i biorą odpowiedzialność za własne życie. Czy to ułatwia przeżywanie żałoby po najbliższych lub pozbycie się żalu z powodu utraty np. pracy albo majątku? Czy świadomość siebie może wpływać na odczuwany ból? Czy może go złagodzić i pomóc znaleźć drogę w nowej, zwykle trudnej, sytuacji? Co myślisz na ten temat?

**Inspiracja 3**

*Czarnowidztwo i narzekanie jest bardzo powszechną reakcją na problemy, mimo że to ostatni z możliwych sposobów na ich rozwiązywanie.*

Banalne, choć niestety prawdziwe, jest stwierdzenie, że Polak zapytany: „Jak leci?", odpowie: „Stara bieda". Tendencja do narzekania w pracy i w domu jest tak powszechna, że nieraz wydaje się nie na miejscu cieszenie się życiem i codziennymi sytuacjami. Zastanów się nad swoim zachowaniem. Jak witasz poniedziałek w pracy? Czy potrafisz w sobie wykrzesać entuzjazm i radość z rozpoczynającego się tygodnia? Czy próbujesz nastroić się pozytywnie do czekających Cię zadań? Znajdź i wypisz jak najwięcej dobrych stron swojej pracy i ludzi, których tam spotykasz.

**Inspiracja 4**

*Codzienne życie pełne jest okazji do udzielania pomocy, nie tylko tej spektakularnej, wymagającej dużych nakładów finansowych, ale także zwykłej, opierającej się na ludzkiej życzliwości. Niekiedy spotykamy się z takimi spontanicznymi gestami.*

Właśnie. Spontaniczne gesty pomocy i życzliwości często nas zaskakują. Mile zaskakują. Jednocześnie chyba są czymś wyjątkowym, skoro je pamiętamy i opowiadamy najbliższym, że ktoś nam ustąpił miejsca, przekazał coś własnego, zrobił nam uprzejmość, mimo że… nie musiał. Czy spotkałeś się z takimi gestami? Czy o nich pamiętasz? Może warto odwdzięczyć się, zachowując się podobnie wobec kogoś innego?

**Inspiracja 5**

*Niewłaściwą wizję szczęścia utożsamianą z sukcesem tworzą wszechobecne reklamy. Ciągle jesteśmy wystawiani na różne pokusy i próby wmówienia nam, że potrzebujemy nowszego modelu samochodu, nowocześniejszego telefonu, laptopa czy elementu wyposażenia mieszkania.*

Reklama towarzyszy nam stale. To nie tylko informacja o produkcie. Jeśli nie jesteśmy świadomi jej działania, może nami zawładnąć. Zwróciłeś uwagę, co wywołuje uśmiech występujących w niej ludzi? Zastanów się nad tym. Czy pomyślałeś o wpływie reklamy na swoje życie? Co kupiłeś pod jej wpływem w ostatnim roku, mimo że wydaje Ci się, iż nigdy nie oglądasz spotów reklamowych i nie skupiasz się na obrazie przekazywanym przez billboardy?

**Rozwiązanie quizu ze s. 143**

1. b – system wartości
2. lęki, fobie, złe nawyki, stereotypy, pseudowartości, gniew, kompleks niższości, lenistwo, nuda, zazdrość itp.
3. d – wyznawanych wartości
4. c – poetą i pisarzem
5. b – klęknąć
6. osobistej, rodzinnej i zawodowej
7. a – altruizm i empatia
8. b – nastawienie na innych i kierowanie się w życiu ich dobrem
9. c – umiejętność wczuwania się w sytuację drugiego człowieka
10. a – dokładne wyobrażenie sobie danej sytuacji
11. b – niewidomym
12. c – osobą pracującą bez wynagrodzenia na rzecz innych osób, zwierząt lub dla dobra wspólnego

# Notatki

# Notatki

# Słowniczek

*altruizm*
Nastawienie nie tylko na siebie, lecz także na innych. Jest konieczny do osiągnięcia prawdziwego szczęścia.

*autorytet* (wzór osobowy)
Człowiek o dużej wiedzy i przestrzegający norm moralnych. Należy słuchać jedynie rad uznanych autorytetów.

*coach*
Trener osobowości.

*droga do szczęścia*
Rozwijanie i udoskonalanie swojej osobowości; skupienie się na poszukiwaniu mądrości i ustaleniu, co daje nam satysfakcję i podnosi jakość życia.

*eudajmonia*
Określenie szczęścia używane przez starożytnych Greków.

*felicytologia*
Nauka o szczęściu.

*fundament szczęścia*
Podstawą szczęścia jest doskonalenie własnej osobowości oparte na wartościach nadrzędnych. Warto kierować się w tej pracy systemem wartości wynikającym z biblijnych zasad dobra i bezinteresownej miłości.

*harmonia*
Równowaga psychiczna i ład wewnętrzny, niezbędny element życia będący rezultatem doskonalenia własnej osobowości.

*hedonizm*
Teoria filozoficzna, zgodnie z którą szczęście to doznawanie przyjemności.

*ludzie szczęśliwi*
Ludzie pogodni, zdystansowani, pomocni innym. Gdy widzimy wokół siebie zadowolonych ludzi, miejmy odwagę zapytać, jak osiągają szczęście.

*pokora*
Świadomość własnej niedoskonałości i umiejętność przyznawania się do błędów.

*przeszkody na drodze do szczęścia*
Istnieją dwa rodzaje przeszkód: zewnętrzne, niezależne od nas, na które najczęściej nie mamy wpływu (np. śmierć kogoś bliskiego, choroba, niekiedy utrata pracy, majątku lub też problemy czy nieszczęścia dotykające osoby z naszego otoczenia), i wewnętrzne, wynikające z naszej psychiki (np. uczucia, odczucia, stany, takie jak: gniew, obawa przed porażką i opinią publiczną, kompleks niższości, lenistwo, nuda i zazdrość), z którymi powinniśmy podjąć walkę. Z zetknięcia z każdą przeszkodą możemy wyjść silniejsi, pod warunkiem że zrozumiemy znaczenie rozwoju osobistego, a przeciwności losu potraktujemy jak kolejny etap doskonalenia swojej osobowości.

*sfery życia*
Wyróżniamy trzy sfery: osobistą (wszystko, poza pracą zawodową i życiem rodzinnym; przede wszystkim duchowość, a także działalność

społeczna, zainteresowania i pasje), rodzinną (relacje z małżonkiem i dziećmi oraz rodzicami, rodzeństwem i dalszymi krewnymi) i zawodową (to, co skupia się wokół naszej pracy i zarobkowania). Sfery przenikają się wzajemnie. Dbanie o równoczesny rozwój wszystkich sfer pozwala osiągnąć prawdziwe szczęście. Warunkiem równomiernego i niezakłóconego rozwoju każdej ze sfer jest uwzględnianie w swoich poczynaniach systemu wartości.

*sposoby opanowywania strachu*
Jednym ze sposobów jest gra z samym sobą lub z osobą owładniętą strachem, zatytułowana: „I co się stanie?". Polega na tym, że stawiamy sobie to jedno pytanie tak długo, aż wreszcie będziemy mogli odpowiedzieć: „nic". Inną metodą jest wizualizacja.

*sukces*
Spełnienie w jednej lub wielu dziedzinach. Prawdziwy jest tylko wtedy, gdy dotyczy wszystkich sfer życia: osobistej (w której skład wchodzi między innymi sfera duchowa i emocjonalna), rodzinnej i zawodowej (materialnej).

*sumienie*
Wewnętrzny świadek i sędzia naszych poczynań. To ono wystawia nam ocenę. Raz oskarża, innym razem staje w naszej obronie. Wielu ludzi uważa, że jest ono prezentem od Boga, podobnie jak wartości, którym jest podporządkowane. Spróbujmy wsłuchać się w jego głos, zwłaszcza gdy przyjdzie nam rozstrzygać dylematy moralne. Postępując w zgodzie z systemem wartości opartym na biblijnych zasadach dobra i bezinteresownej miłości, będziemy podejmować właściwe decyzje.

*szczęście*
Odczucie wewnętrznego zadowolenia wynikające z całokształtu własnych działań oraz ze zrozumienia siebie i innych. Nie jest nim ani chwilowa przyjemność uzyskana przez zdobycie pięknych czy użytecznych przedmiotów, ani osiągnięcie sławy lub kariery.

*szczęście jako obowiązek*
Obowiązek dążenia do szczęścia wynika z odpowiedzialności za innych ludzi, za wpływ, jaki wywieramy na otoczenie. Powinniśmy być

szczęśliwi, by nie zarażać innych swoim smutkiem i nie zatruwać zgorzknieniem.

*szczęście jako rezultat rozwoju*
Szczęście to wewnętrzny spokój i harmonia, spokojny sen, czyste sumienie, satysfakcja wynikająca z dobrych relacji z bliskimi. Człowiek szczęśliwy, to człowiek spełniony. Ludzie szczęśliwi umieją dawać, i to nie tylko przedmioty, lecz także dobroć, zrozumienie, wsparcie; umieją wybaczać i współczuć. Wywierają dobry wpływ na innych, są w stanie inspirować – i siebie, i otoczenie. Wytwarzają wokół siebie ciepło, potrafią porywać i motywować, przyciągają innych.

*szczęście w rozumieniu filozofów*
Starożytni Grecy skrupulatnie analizowali zagadnienie szczęścia, doceniali urok chwili, przyjemności zmysłowe i duchowe, zdobywanie wiedzy, podkreślali znaczenie cnót i spokoju ducha. Filozofowie chrześcijańscy za istotę szczęścia uznawali dobro rozumiane jako dążenie do Boga.

*szczęście według definicji słownikowych*
*Uniwersalny słownik języka polskiego* podaje trzy znaczenia tego słowa. Pierwsze to: pomyślny los, powodzenie w jakichś przedsięwzięciach lub sytuacjach życiowych. Drugie: zbieg, splot pomyślnych okoliczności, szczęśliwe zrządzenie losu, pomyślny traf, przypadek. I trzecie, czyli uczucie zadowolenia, upojenia, radości, a także wszystko, co wywołuje ten stan.

*toksyczne rady*
Rady frustrujące i zniechęcające. Propagują postawę egoistyczną, np. skupienie się jedynie na karierze zawodowej i zdobywaniu dóbr materialnych kosztem innych dziedzin życia.

*wartość*
Kierunek postępowania prowadzący do wydobycia z własnej egzystencji satysfakcji osobistej i społecznej.

*wizualizacja*
Dokładne wyobrażenie sobie danej sytuacji.

# Źródła i inspiracje

Albright M., Carr C., *Największe błędy menedżerów*, Warszawa 1997. r Allen B.D., Allen W.D., *Formuła 2+2. Skuteczny coaching*, Warszawa 2006. r Anderson Ch., *Za darmo: przyszłość najbardziej radykalnej z cen*, Kraków 2011. r Anthony R., *Pełna wiara w siebie*, Warszawa 2005. r Ariely D., *Zalety irracjonalności. Korzyści z postępowania wbrew logice w domu i pracy*, Wrocław 2010.

Bates W.H., *Naturalne leczenie wzroku bez okularów*, Katowice 2011.

Bettger F., *Jak umiejętnie sprzedawać i zwielokrotnić dochody*, Warszawa 1995.

Blanchard K., Johnson S., *Jednominutowy menedżer*, Konstancin-Jeziorna 1995.

Blanchard K., O'Connor M., *Zarządzanie poprzez wartości*, Warszawa 1998.

Bogacka A.W., *Zdrowie na talerzu*, Białystok 2008.

Bollier D., *Mierzyć wyżej. Historie 25 firm, które osiągnęły sukces, łącząc skuteczne zarządzanie z realizacją misji społecznych*, Warszawa 1999.

Bond W.J., *199 sytuacji, w których tracimy czas, i jak ich uniknąć*, Gdańsk 1995.

Bono E. de, *Dziecko w szkole kreatywnego myślenia*, Gliwice 2010.

Bono E. de, *Sześć kapeluszy myślowych*, Gliwice 2007.

Bono E. de, *Sześć ram myślowych*, Gliwice 2009.

Bono E. de, *Wodna logika. Wypłyń na szerokie wody kreatywności*, Gliwice 2011.

Bossidy L., Charan R., *Realizacja. Zasady wprowadzania planów w życie*, Warszawa 2003.

Branden N., *Sześć filarów poczucia własnej wartości*, Łódź 2010.

Branson R., *Zaryzykuj – zrób to! Lekcje życia*, Warszawa-Wesoła 2012.

Brothers J., Eagan E, *Pamięć doskonała w 10 dni*, Warszawa 2000.

Buckingham M., *To jedno, co powinieneś wiedzieć... o świetnym zarządzaniu, wybitnym przywództwie i trwałym sukcesie osobistym*, Warszawa 2006. r Buckingham M., *Wykorzystaj swoje silne strony. Użyj dźwigni swojego talentu*, Warszawa 2010.

Buckingham M., Clifton D.O., *Teraz odkryj swoje silne strony*, Warszawa 2003.

Butler E., Pirie M., *Jak podwyższyć swój iloraz inteligencji?*, Gdańsk 1995.

Buzan T., *Mapy myśli*, Łódź 2008.

Buzan T., *Pamięć na zawołanie*, Łódź 1999.

Buzan T., *Podręcznik szybkiego czytania*, Łódź 2003.

Buzan T., *Potęga umysłu. Jak zyskać sprawność fizyczną i umysłową: związek umysłu i ciała*, Warszawa 2003.

Buzan T., Dottino T., Israel R., *Zwykli ludzie – liderzy. Jak maksymalnie wykorzystać kreatywność pracowników*, Warszawa 2008.

Carnegie D., *I ty możesz być liderem*, Warszawa 1995. r Carnegie D., *Jak przestać się martwić i zacząć żyć*, Warszawa 2011. r Carnegie D., *Jak zdobyć przyjaciół i zjednać sobie ludzi*, Warszawa 2011. r Carnegie D., *Po szczeblach słowa. Jak stać się doskonałym mówcą i rozmówcą*, Warszawa 2009. r Carnegie D., Crom M., Crom J.O., *Szkoła biznesu. O pozyskiwaniu klientów na zawsze*, Warszawa 2003.

Cialdini R., *Wywieranie wpływu na ludzi*, Gdańsk 1998.

Clegg B., *Przyspieszony kurs rozwoju osobistego*, Warszawa 2002.

Cofer C.N., Appley M.H., *Motywacja: teoria i badania*, Warszawa 1972.

Cohen H., *Wszystko możesz wynegocjować. Jak osiągnąć to, co chcesz*, Warszawa 1997.

Covey S.R., *3. rozwiązanie*, Poznań 2012.

Covey S.R., *7 nawyków skutecznego działania*, Poznań 2007.

Covey S.R., *8. nawyk*, Poznań 2006.

Covey S.R., Merrill A.R., Merrill R.R., *Najpierw rzeczy najważniejsze*, Warszawa 2007.

Craig M., *50 najlepszych (i najgorszych) interesów w historii biznesu*, Warszawa 2002.

Csikszentmihalyi M., *Przepływ: psychologia optymalnego doświadczenia*, Wrocław 2005.

Davis R.C., Lindsmith B., *Ludzie renesansu: umysły, które ukształtowały erę nowożytną*, Poznań 2012.

Davis R.D., Braun E.M., *Dar dysleksji. Dlaczego niektórzy zdolni ludzie nie umieją czytać i jak mogą się nauczyć*, Poznań 2001.

Dearlove D., *Biznes w stylu Richarda Bransona. 10 tajemnic twórcy megamarki*, Gdańsk 2009.

DeVos D., *Podstawy wolności. Wartości decydujące o sukcesie jednostek i społeczeństw*, Konstancin-Jeziorna 1998.

DeVos R.M., Conn Ch.P., *Uwierz! Credo człowieka czynu, współzałożyciela Amway Corporation, hołdującego zasadom, które uczyniły Amerykę wielką*, Warszawa 1994.

Dixit A.K., Nalebuff B.J., *Myślenie strategiczne. Jak zapewnić sobie przewagę w biznesie, polityce i życiu prywatnym*, Gliwice 2009. r Dixit A.K., Nalebuff B.J., *Sztuka strategii. Teoria gier w biznesie i życiu prywatnym*, Warszawa 2009.

Dobson J., *Jak budować poczucie wartości w swoim dziecku*, Lublin 1993.

*Doskonalenie strategii* (seria Harvard Bussines Review), praca zbiorowa, Gliwice 2006.

Dryden G., Vos J., *Rewolucja w uczeniu*, Poznań 2000.

Dyer W.W., *Kieruj swoim życiem*, Warszawa 2012.

Dyer W.W., *Pokochaj siebie*, Warszawa 2008.

Edelman R.C., Hiltabiddle T.R., Manz Ch.C., *Syndrom miłego człowieka*, Gliwice 2010.

Eichelberger W., Forthomme P., Nail F., *Quest. Twoja droga do sukcesu. Nie ma prostych recept na sukces, ale są recepty skuteczne*, Warszawa 2008.

Enkelmann N.B., *Biznes i motywacja*, Łódź 1997.

Eysenck H. i M., *Podpatrywanie umysłu. Dlaczego ludzie zachowują się tak, jak się zachowują?*, Gdańsk 1996. r Ferriss T., *4-godzinny tydzień pracy. Nie bądź płatnym niewolnikiem od 7.00 do 17.00*, Warszawa 2009.

Flexner J.T., *Waschington. Człowiek niezastąpiony*, Warszawa 1990.

Forward S., Frazier D., *Szantaż emocjonalny: jak obronić się przed manipulacją i wykorzystaniem*, Gdańsk 2011.

Frankl V.E., *Człowiek w poszukiwaniu sensu*, Warszawa 2009.

Fraser J.F., *Jak Ameryka pracuje*, Przemyśl 1910.

Freud Z., *Wstęp do psychoanalizy*, Warszawa 1994.

Fromm E., *Mieć czy być*, Poznań 2009.

Fromm E., *Niech się stanie człowiek. Z psychologii etyki*, Warszawa 2005.

Fromm E., *O sztuce miłości*, Poznań 2002.

Fromm E., *O sztuce słuchania. Terapeutyczne aspekty psychoanalizy*, Warszawa 2002.

Fromm E., *Serce człowieka. Jego niezwykła zdolność do dobra i zła*, Warszawa 2000.

Fromm E., *Ucieczka od wolności*, Warszawa 2001.

Fromm E., *Zerwać okowy iluzji*, Poznań 2000.

Galloway D., *Sztuka samodyscypliny*, Warszawa 1997.

Gardner H., *Inteligencje wielorakie – teoria w praktyce*, Poznań 2002.

Gawande A., *Potęga checklisty: jak opanować chaos i zyskać swobodę w działaniu*, Kraków 2012.

Gelb M.J., *Leonardo da Vinci odkodowany*, Poznań 2005.

Gelb M.J., Miller Caldicott S., *Myśleć jak Edison*, Poznań 2010.

Gelb M.J., *Myśleć jak geniusz*, Poznań 2004.

Gelb M.J., *Myśleć jak Leonardo da Vinci*, Poznań 2001.

Giblin L., *Umiejętność postępowania z innymi...*, Kraków 1993.

Girard J., Casemore R., *Pokonać drogę na szczyt*, Warszawa 1996.

Glass L., *Toksyczni ludzie*, Poznań 1998.

Godlewska M., *Jak pokonałam raka*, Białystok 2011.

Godwin M., *Kim jestem? 101 dróg do odkrycia siebie*, Warszawa 2001.

Goleman D., *Inteligencja emocjonalna*, Poznań 2002. r Gordon T., *Wychowywanie bez porażek szefów, liderów, przywódców*, Warszawa 1996.

Gorman T., *Droga do skutecznych działań. Motywacja*, Gliwice 2009.

Gorman T., *Droga do wzrostu zysków. Innowacja*, Gliwice 2009.

Greenberg H., Sweeney P., *Jak odnieść sukces i rozwinąć swój potencjał*, Warszawa 2007.

Habeler P., Steinbach K., *Celem jest szczyt*, Warszawa 2011.

Hamel G., Prahalad C.K., *Przewaga konkurencyjna jutra*, Warszawa 1999.

Hamlin S., *Jak mówić, żeby nas słuchali*, Poznań 2008.

Hill N., *Klucze do sukcesu*, Warszawa 1998.

Hill N., *Magiczna drabina do sukcesu*, Warszawa 2007.

Hill N., *Myśl!... i bogać się. Podręcznik człowieka interesu*, Warszawa 2012.

Hill N., *Początek wielkiej kariery*, Gliwice 2009.

Ingram D.B., Parks J.A., *Etyka dla żółtodziobów, czyli wszystko, co powinieneś wiedzieć o...*, Poznań 2003.

Jagiełło J., Zuziak W. [red.], *Człowiek wobec wartości*, Kraków 2006.

James W., *Pragmatyzm*, Warszawa 2009.

Jamruszkiewicz J., *Kurs szybkiego czytania*, Chorzów 2002.

Johnson S., *Tak czy nie. Jak podejmować dobre decyzje*, Konstancin-Jeziorna 1995.

Jones Ch., *Życie jest fascynujące*, Konstancin-Jeziorna 1993.

Kanter R.M., *Wiara w siebie. Jak zaczynają się i kończą dobre i złe passy*, Warszawa 2006.

Keller H., *Historia mojego życia*, Warszawa 1978.

Kirschner J., *Zwycięstwo bez walki. Strategie przeciw agresji*, Gliwice 2008.

Koch R., *Zasada 80/20. Lepsze efekty mniejszym nakładem sił i środków*, Konstancin-Jeziorna 1998.

Kopmeyer M.R., *Praktyczne metody osiągania sukcesu*, Warszawa 1994.

Ksenofont, *Cyrus Wielki. Sztuka zwyciężania*, Warszawa 2008.

Kuba A., Hausman J., *Dzieje samochodu*, Warszawa 1973.

Kumaniecki K., *Historia kultury starożytnej Grecji i Rzymu*, Warszawa 1964.

Lamont G., *Jak podnieść pewność siebie*, Łódź 2008.

Leigh A., Maynard M., *Lider doskonały*, Poznań 1999.

Littauer F., *Osobowość plus*, Warszawa 2007.

Loreau D., *Sztuka prostoty*, Warszawa 2009.

Lott L., Intner R., Mendenhall B., *Autoterapia dla każdego. Spróbuj w osiem tygodni zmienić swoje życie*, Warszawa 2006.

Maige Ch., Muller J.-L., *Walka z czasem. Atut strategiczny przedsiębiorstwa*, Warszawa 1995.

Mansfield P., *Jak być asertywnym*, Poznań 1994.

Martin R., *Niepokorny umysł. Poznaj klucz do myślenia zintegrowanego*, Gliwice 2009.

Maslow A., *Motywacja i osobowość*, Warszawa 2009.

Matusewicz Cz., *Wprowadzenie do psychologii*, Warszawa 2011.

Maxwell J.C., *21 cech skutecznego lidera*, Warszawa 2012.

Maxwell J.C., *Tworzyć liderów, czyli jak wprowadzać innych na drogę sukcesu*, Konstancin-Jeziorna 1997.

Maxwell J.C., *Wszyscy się komunikują, niewielu potrafi się porozumieć*, Warszawa 2011.

McCormack M.H., *O zarządzaniu*, Warszawa 1998.

McElroy K., *Jak inwestować w nieruchomości. Znajdź ukryte zyski, których większość inwestorów nie dostrzega*, Osielsko 2008.

McGee P., *Pewność siebie. Jak mała zmiana może zrobić wielką różnicę*, Gliwice 2011.

McGrath H., Edwards H., *Trudne osobowości. Jak radzić sobie ze szkodliwymi zachowaniami innych oraz własnymi*, Poznań 2010.

Mellody P., Miller A.W., Miller J.K., *Toksyczna miłość i jak się z niej wyzwolić*, Warszawa 2013.

Melody B., *Koniec współuzależnienia*, Poznań 2002.

Miller M., *Style myślenia*, Poznań 2000.

Mingotaud F., *Sprawny kierownik. Techniki osiągania sukcesów*, Warszawa 1994.

MJ DeMarco, *Fastlane milionera*, Katowice 2012.

Morgenstern J., *Jak być doskonale zorganizowanym*, Warszawa 2000.

Nay W.R., *Związek bez gniewu. Jak przerwać błędne koło kłótni, dąsów i cichych dni*, Warszawa 2011.

Nierenberg G.I., *Ekspert. Czy nim jesteś?*, Warszawa 2001.

Ogger G., *Geniusze i spekulanci, Jak rodził się kapitalizm*, Warszawa 1993.

Osho, *Księga zrozumienia. Własna droga do wolności*, Warszawa 2009.

Parkinson C.N., *Prawo pani Parkinson*, Warszawa 1970.

Peale N.V., *Entuzjazm zmienia wszystko. Jak stać się zwycięzcą*, Warszawa 1996.

Peale N.V., *Możesz, jeśli myślisz, że możesz*, Warszawa 2005.

Peale N.V., *Rozbudź w sobie twórczy potencjał*, Warszawa 1997.

Peale N.V., *Uwierz i zwyciężaj. Jak zaufać swoim myślom i poczuć pewność siebie*, Warszawa 1999.

Pietrasiński Z., *Psychologia sprawnego myślenia*, Warszawa 1959.

Pilikowski J., *Podróż w świat etyki*, Kraków 2010.

Pink D.H., *Drive*, Warszawa 2011.

Pirożyński M., *Kształcenie charakteru*, Poznań 1999.

Pismo Święte Starego i Nowego Testamentu. Biblia Tysiąclecia, Warszawa 2002.

Pismo Święte w Przekładzie Nowego Świata, 1997.

Popielski K., *Psychologia egzystencji. Wartości w życiu*, Lublin 2009.

*Poznaj swoją osobowość*, Bielsko-Biała 1996.

Przemieniecki J., *Psychologia jednostki. Odkoduj szyfr do swego umysłu*, Warszawa 2008.

Pszczołowski T., *Umiejętność przekonywania i dyskusji*, Gdańsk 1998.

Reiman T., *Potęga perswazyjnej komunikacji*, Gliwice 2011.

Robbins A., *Nasza moc bez granic. Skuteczna metoda osiągania życiowych sukcesów za pomocą NLP*, Konstancin-Jeziorna 2009.

Robbins A., *Obudź w sobie olbrzyma... i miej wpływ na całe swoje życie – od zaraz*, Poznań 2002.

Robbins A., *Olbrzymie kroki*, Warszawa 2001.

Robert M., *Nowe myślenie strategiczne: czyste i proste*, Warszawa 2006.

Robinson J.W., *Imperium wolności. Historia Amway Corporation*, Warszawa 1997.

Rose C., Nicholl M.J., *Ucz się szybciej, na miarę XXI wieku*, Warszawa 2003.

Rose N., *Winston Churchill. Życie pod prąd*, Warszawa 1996.

Rychter W., *Dzieje samochodu*, Warszawa 1962.

Ryżak Z., *Zarządzanie energią kluczem do sukcesu*, Warszawa 2008.

Savater F., *Etyka dla syna*, Warszawa 1996.

Schäfer B., *Droga do finansowej wolności. Pierwszy milion w ciągu siedmiu lat*, Warszawa 2011.

Schäfer B., *Zasady zwycięzców*, Warszawa 2007.

Scherman J.R., *Jak skończyć z odwlekaniem i działać skutecznie*, Warszawa 1995.

Schuller R.H., *Ciężkie czasy przemijają, bądź silny i przetrwaj je*, Warszawa 1996.

Schwalbe B., Schwalbe H., Zander E., *Rozwijanie osobowości. Jak zostać sprzedawcą doskonałym*, tom 2, Warszawa 1994.

Schwartz D.J., *Magia myślenia kategoriami sukcesu*, Konstancin-Jeziorna 1994.

Schwartz D.J., *Magia myślenia na wielką skalę. Jak zaprząc duszę i umysł do wielkich osiągnięć*, Warszawa 2008.

Scott S.K., *Notatnik milionera. Jak zwykli ludzie mogą osiągać niezwykłe sukcesy*, Warszawa 1997.

Sedlak K. [red.], *Jak poszukiwać i zjednywać najlepszych pracowników*, Kraków 1995.

Seiwert L.J., *Jak organizować czas*, Warszawa 1998.

Seligman M.E.P., *Co możesz zmienić, a czego nie możesz*, Poznań 1995.

Seligman M.E.P., *Pełnia życia*, Poznań 2011.

Seneka, *Myśli*, Kraków 1989.

Sewell C., Brown P.B., *Klient na całe życie, czyli jak przypadkowego klienta zmienić w wiernego entuzjastę naszych usług*, Warszawa 1992.

*Słownik pisarzy antycznych*, Warszawa 1982.

Smith A., *Umysł*, Warszawa 1989.

Spector R., *Amazon.com. Historia przedsiębiorstwa, które stworzyło nowy model biznesu*, Warszawa 2000.

Spence G., *Jak skutecznie przekonywać... wszędzie i każdego dnia*, Poznań 2001.

Sprenger R.K., *Zaufanie # 1*, Warszawa 2011.

Staff L., *Michał Anioł*, Warszawa 1990.

Stone D.C., *Podążaj za swymi marzeniami*, Konstancin-Jeziorna 1998.

Swiet J., *Kolumb*, Warszawa 1979.

Szurawski M., *Pamięć. Trening interaktywny*, Łódź 2004.

Szyszkowska M., *W poszukiwaniu sensu życia*, Warszawa 1997.

Tatarkiewicz W., *O szczęściu*, Warszawa 1979.

Tavris C., Aronson E., *Błądzą wszyscy (ale nie ja)*, Sopot–Warszawa 2008.

Tracy B., *Milionerzy z wyboru. 21 tajemnic sukcesu*, Warszawa 2002.

Tracy B., *Plan lotu. Prawdziwy sekret sukcesu*, Warszawa 2008.

Tracy B., Scheelen F.M. *Osobowość lidera*, Warszawa 2001.

Tracy B., *Sztuka zatrudniania najlepszych. 21 praktycznych i sprawdzonych technik do wykorzystania od zaraz*, Warszawa 2006.

Tracy B., *Turbostrategia. 21 skutecznych sposobów na przekształcenie firmy i szybkie zwiększenie zysków*, Warszawa 2004.

Tracy B., *Zarabiaj więcej i awansuj szybciej. 21 sposobów na przyspieszenie kariery*, Warszawa 2007.

Tracy B., *Zarządzanie czasem*, Warszawa 2008.

Tracy B., *Zjedz tę żabę. 21 metod podnoszenia wydajności w pracy i zwalczania skłonności do zwlekania, Warszawa* 2005.

Twentier J.D., *Sztuka chwalenia ludzi*, Warszawa 1998.

Urban H., *Moc pozytywnych słów*, Warszawa 2012.

Ury W., *Odchodząc od nie. Negocjowanie od konfrontacji do kooperacji*, Warszawa 2000.

Vitale J., *Klucz do sekretu. Przyciągnij do siebie wszystko, czego pragniesz*, Gliwice 2009.

Waitley D., *Być najlepszym*, Warszawa 1998.

Waitley D., *Imperium umysłu*, Konstancin–Jeziorna 1997.

Waitley D., *Podwójne zwycięstwo*, Warszawa 1996.

Waitley D., *Sukces zależy od właściwego momentu*, Warszawa 1997.

Waitley D., Tucker R.B., *Gra o sukces. Jak zwyciężać w twórczej rywalizacji*, Warszawa 1996.

Walton S., Huey J., *Sam Walton. Made in America*, Warszawa 1994.

Waterhouse J., Minors D., Waterhouse M., *Twój zegar biologiczny. Jak żyć z nim w zgodzie*, Warszawa 1993.

Wegscheider-Cruse S., *Poczucie własnej wartości. Jak pokochać siebie*, Gdańsk 2007.

Wilson P., *Idealna równowaga. Jak znaleźć czas i sposób na pełnię życia*, Warszawa 2010.

Ziglar Z., *Do zobaczenia na szczycie*, Warszawa 1995.

Ziglar Z., *Droga na szczyt*, Konstancin–Jeziorna 1995.

Ziglar Z., *Ponad szczytem*, Warszawa 1995.

# INNE KSIĄŻKI WYDAWCY

Wersje audio i e-book dostępne u naszych partnerów.
Audiobook – Audioteka i Storytel
E-book – Empik i Nexto

# INNE KSIĄŻKI WYDAWCY

Wersje audio i e-book dostępne u naszych partnerów.
Audiobook – Audioteka i Storytel
E-book – Empik i Nexto

# INNE KSIĄŻKI WYDAWCY

Wersje audio i e-book dostępne u naszych partnerów.
Audiobook – Audioteka i Storytel
E-book – Empik i Nexto

www.ingramcontent.com/pod-product-compliance
Lightning Source LLC
LaVergne TN
LVHW040052080526
838202LV00045B/3604